知識ゼロからの大江戸入門

北嶋廣敏

幻冬舎

はじめに

　慶長八年（一六〇三）、徳川家康が江戸幕府を開いてから、慶応三年（一八六七）、徳川慶喜の大政奉還に至るまでの二百六十余年を「江戸時代」と呼んでいる。近年、この時代への関心が高まっている。それは江戸時代が魅力のある時代、おもしろい時代であったからでもあろう。幕府が開かれ、政治の中心地となった江戸は、やがて経済や文化の中心地ともなり、一〇〇万人もの人々が暮らす世界的な大都市へと成長していった。江戸時代は泰平の世であった。二世紀半ばに及ぶ「徳川の平和」のもとで、経済が発展し、独特の江戸文化が芽生え開花した。歌舞伎、落語、浮世絵、大相撲、川柳、花火、握り鮨……。今に伝わるそれらは、江戸の人々が生み出したものである。また江戸の人々はものを大事に使い、壊れたら修理して使っていた。江戸時代は環境にやさしいリサイクル社会であった。資源を有効利用するシステムができていた。近年、江戸の人々のエコライフが注目を集めている。

　本書は江戸時代の、特に江戸の町の文化や暮らしのあれこれを紹介した入門書である。住まい、仕事、趣味、恋愛事情をはじめ、教科書などでは取り上げられないようなおもしろい話、おかしい話まで、幅広い内容を網羅している。また、より具体的なイメージが湧くように、図版（絵・イラスト・漫画など）を多く用いた。本書を通して、江戸を実感し、江戸への関心を高めていただけることを願っている。

　なお、図版の掲載にあたっては、多くの方々にご協力をいただいた。なかでも『絵でよむ江戸のくらし風俗大事典』（柏書房）の編者、棚橋正博・村田裕司両氏には、多大なご尽力をたまわった。この場を借りて御礼を申し上げる。

はじめに……1

第一章　江戸っ子の住まい

世界一の大都市・大江戸……10
◉どこまでが「江戸」なのか……12
◉江戸は男性の町だった!?……14
武士の町・町人の町……16
◉江戸は農地も多かった!?……18
◉江戸の「町」は通りの両側につくられた……20
町人の住まい・長屋の秘密……22
◉居間は四畳半一間だけ……24
◉九尺二間のシンプルライフ……26
◉プライバシーはないけれど……28
江戸の武家屋敷……30
◉広大な大名屋敷……32
◉番町の旗本、八丁堀の与力・同心……34
column　武士は本当に「ござる」といったのか

第二章　お仕事事情

町人たちのお仕事……38
◉職人ランキング、一位は大工……40
◉にぎわうリサイクル業……42
column 江戸にも〝リラ金〟があった
◉「蠟燭の流れ買い」ってどんな商売？……44
column 正月屋で売っていたものとは!?
武士の勤め……46
◉旗本・御家人の半数は無職!?……48
◉江戸詰武士の気楽な生活……50
武士のお仕事……52
◉旗本の出世コース……54
◉武士たちの悲しい内職生活……56

第三章 江戸の人々の日常

江戸っ子たちの時間感覚……60
◉江戸の人々はどうやって時間を知ったのか……62
◉江戸の町には〝門限〟があった!?……64
◉自由時間たっぷりの上様の一日……66
食生活の実態……68
◉江戸庶民が好んだおかず第一位は？……70

◉武士の食膳のタブー……72
◉意外に質素、上様の食事……74
江戸の銭湯・長屋の共同便所……76
column 風呂敷の由来とは!?
◉江戸の銭湯は痴漢に注意!?……78
column 八丁堀の旦那は女湯に入った!?
◉長屋の共同便所は宝の山!?……80
◉上様の優雅な小便……82

第四章 江戸のカルチャー

人々の娯楽……86
◉江戸の見世物いろいろ……88
◉歯を抜き、目を抜く大道芸……90
◉江戸っ子の歌舞伎好き……92
column 千両をとった「千両役者」
◉熱狂的な音曲(三味線)人気……94
column 江戸の旅ばやり
◉武士がはじめた江戸の釣り……96
column 江戸っ子の大食い、大酒飲み大会
◉ブームになった朝顔栽培……98
column 珍品、奇品のコレクション

◉唯一のスポーツ娯楽・大相撲……100

本と川柳と瓦版……102

◉江戸庶民が読んでいた本……104

column　作家に原稿料なし！

◉貸本屋は大繁盛！……106

column　「封切り」の語源

◉江戸で生まれた庶民の文芸・川柳……108

◉庶民の情報紙・瓦版……110

江戸っ子のファッション……112

◉江戸っ子の「粋」とは!?……114

◉田舎侍の着物は流行遅れ!?……116

◉身分によって定められた武家装束……118

column　江戸のファッションリーダー

江戸時代の学びの場……120

◉寺子屋でも試験があった！……122

◉江戸で人気だった習い事……124

第五章　江戸時代の恋と情事

恋の病・叶わぬ恋……128

◉男女の出会いのスポット、浅草寺仁王門前……130

◉江戸の男色……132

◉江戸のラブホテル・出合茶屋……134
町人の結婚・武士の結婚……136
◉医者が仲人をつとめることが多かった……138
column 離婚と三行半《みくだりはん》
◉不倫がバレるとどうなった!?……140
遊里に通う男たち……142
◉吉原通いは舟に乗って……144
column 江戸時代のバイアグラ
◉三度通ってやっと床入り……146
column 江戸時代の避妊薬・朔《つい》日《たち》丸《がん》
◉江戸の岡場所……148

第六章 江戸の事件

町奉行のしくみ……152
◉江戸の町奉行所が南北に分かれていた理由とは!?……154
◉町奉行は在職中の死亡者が多かった!……156
column 容疑者への壮絶すぎる拷問
◉スリはスリとわかる身なりをしていた!?……158
column 旗本奴と町奴のかぶき者
犯罪と刑罰……160
◉義賊・鼠小僧の虚像と実像……162

◉銭形平次はどんな仕事をしていたのか……164
◉鬼平の仕事「火付盗賊改」とは!?……166
火事・地震・飢饉……168
◉明暦の大火……170
column 火事でも吉原は営業中
◉安政の大地震……172

第七章 江戸城内のしくみ

江戸城登城の大名たち……176
◉江戸城登城のしきたりとは!?……178
◉参勤交代の費用はどれくらい!?……180
大奥の迷宮……182
◉大奥の職制……184
◉大奥女中、その給料は!?……186
◉大奥には陰湿なイジメがあった……188
参考文献……190

第一章 江戸っ子の住まい

江戸っ子たちの実態を知るうえで欠かせないのが「住まい」。
長屋から武家屋敷まで、身分によって異なる多彩な住居を紹介。

人口一〇〇万人を突破

世界一の大都市・大江戸

「大江戸八百八町」は嘘だった！

◈「江戸」のなりたち

江戸の名は、天正一八年（一五九〇）、徳川家康《とくがわいえやす》が江戸城に入ったとき、お城のすぐ近くまで日比谷入江が入り込んでいたことに由来する。慶長八年（一六〇三）、家康が征夷大将軍となり、江戸城改修と本格的な町づくりがはじまると、日比谷入江、海岸沿いの低地が埋め立てられ、そこに続々と宅地が造成された。これが江戸発展のきっかけである。

◈大江戸八百八町

江戸城がほぼ完成した寛永一三年（一六三六）ころ、町の数はすでに三百余町あった。これを古町《こちょう》という。江戸の町は、よく「八百八町」などといわれるが、これは江戸の実際の町数を表現したものではない。市街地が拡大・膨張するにつれ町の数は増えていき、寛文年間（一六六一～七三）には、七〇〇近く、さらに正徳三年（一七一三）には九三三町となり、「八百八町」を超えた。延享年間（一七四四～四八）には一六七八町に達し、一八世紀後半ころから、江戸は「大江戸」とも呼ばれるようになった。

◈一〇〇万人の大都市

江戸時代中期以降、江戸には一〇〇万人以上の人々が住んでいた。一九世紀初頭、ヨーロッパ第一の都市ロンドンの人口が八六万人、パリが六七万人であるから、江戸の人口はまさに世界一の規模だったのである。

江戸の通町。『江戸名所図会』（国立国会図書館蔵）より

❖家康が入府した当時の江戸の集落と地形❖

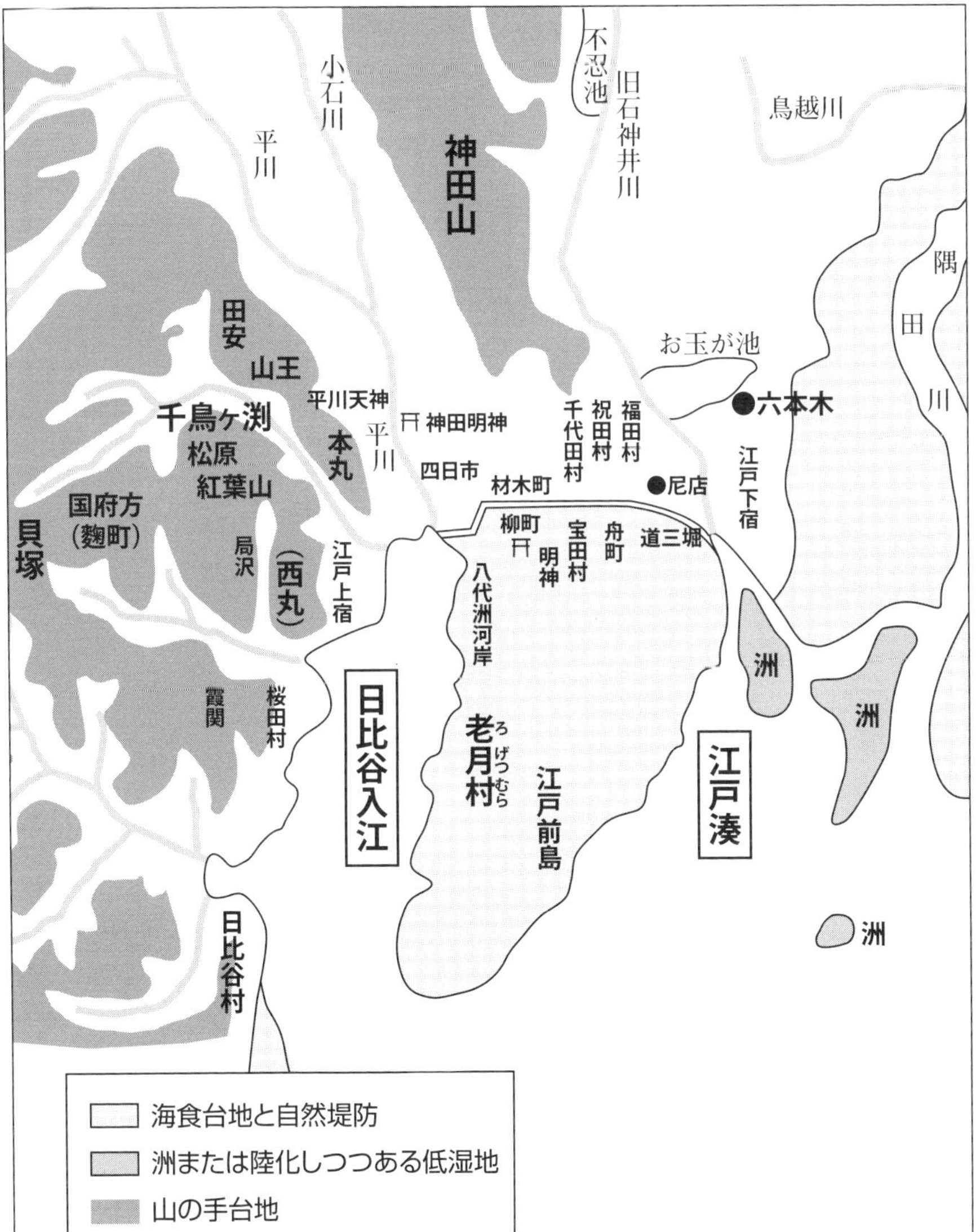
不忍池
旧石神井川
鳥越川
小石川
平川
神田山
隅田川
お玉が池
六本木
田安
山王
平川天神
神田明神
祝田村
福田村
千代田村
千鳥ヶ渕
松原
紅葉山
本丸
平川
四日市
材木町
尼店
江戸下宿
国府方
（麹町）
貝塚
局沢
（西丸）
江戸上宿
柳町
明神
宝田村
舟町
道三堀
八代洲河岸
洲
洲
日比谷入江
霞関
桜田村
老月村《ろげつむら》
江戸前島
江戸湊
洲
日比谷村
海食台地と自然堤防
洲または陸化しつつある低湿地
山の手台地
0
2km

◉世界一の大都市・大江戸◉

どこまでが「江戸」なのか

江戸の範囲

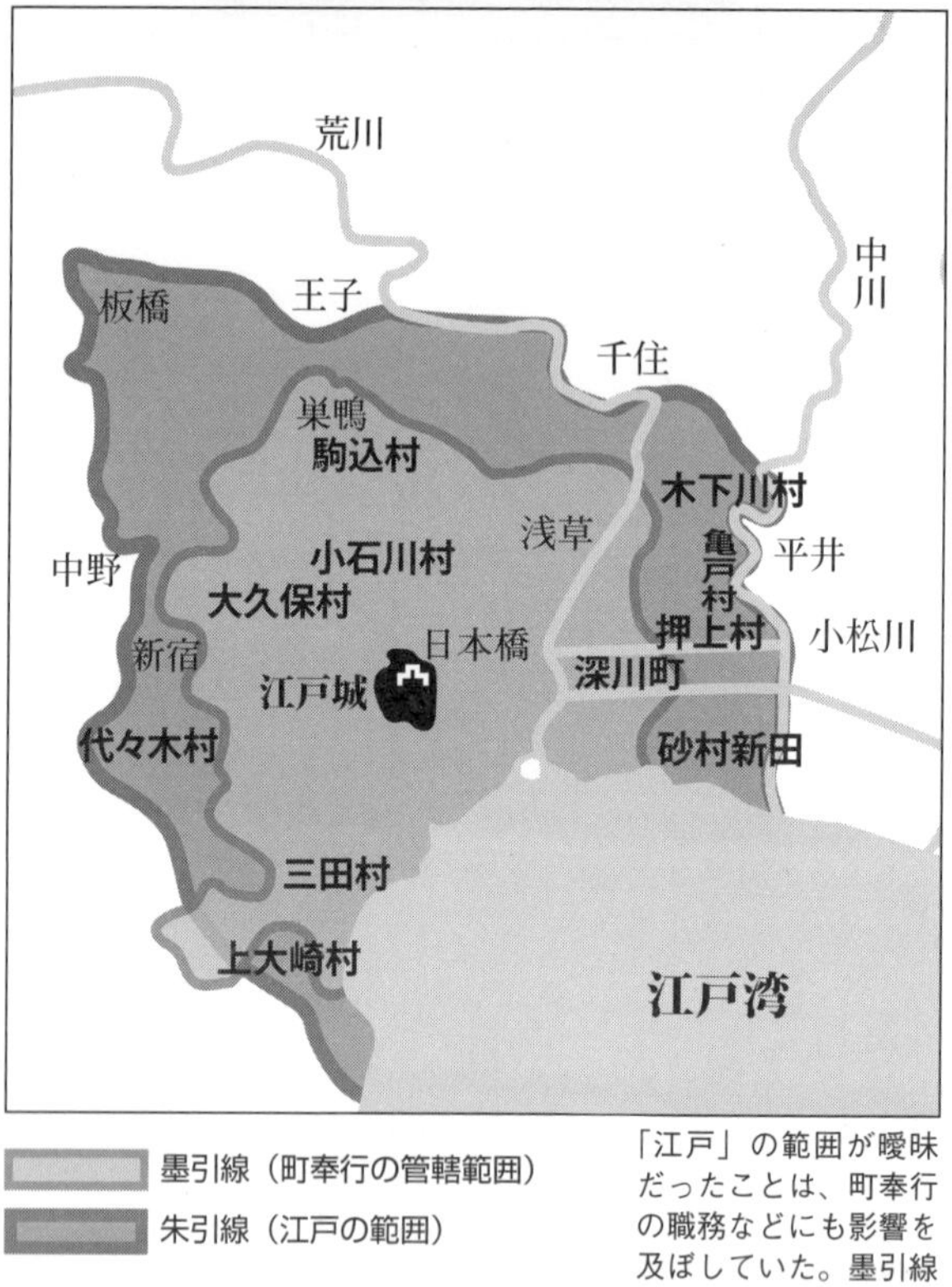

荒川
中川
板橋
王子
千住
巣鴨
駒込村
木下川村
亀戸村
平井
中野
小石川村
浅草
大久保村
押上村
小松川
新宿
日本橋
深川町
江戸城
代々木村
砂村新田
三田村
上大崎村
江戸湾
墨引線（町奉行の管轄範囲）
朱引線（江戸の範囲）

「江戸」の範囲が曖昧だったことは、町奉行の職務などにも影響を及ぼしていた。墨引線が引かれたことではじめて、管轄範囲が特定されたのである。

拡大し続ける大都市・江戸。しかし、いったいどこまでが江戸なのか。江戸城を中心とした市街地を「御府内《とふない》」といい、一応江戸の範囲としていたが、実は、その線引きは非常に曖昧《あいまい》であった。

そのため文政元年（一八一八）、幕府は江戸の地図に朱色の線を引き、御府内の範囲を明確にした。朱線の内側を御府内とし、朱色の線で書かれていたために朱引内《しゅびきうち》とも呼ばれた。その地図には同時に、町奉行所の管轄範囲を示す黒線（墨引《すみびき》）も引かれた。

墨引線は一部をのぞいて（現在の目黒付近）、朱引線の内側に位置していた。

突然引かれた朱引線

たっからよな、粋なナリもできねえで、江戸っ子と呼べるかってんだ
そうそう、全くでい！
グイッ
てぇへんだ、えらいことが起こりやした！
ハァ
ん、騒々しいったらねぇな
てぇへんだ、てぇへんだ！
ここ、江戸じゃなくなっちまった！
朱引内とかいう…
え？
おいら、江戸っ子じゃねえの？

◉世界一の大都市・大江戸◉

江戸は男性の町だった!?

江戸の男女比

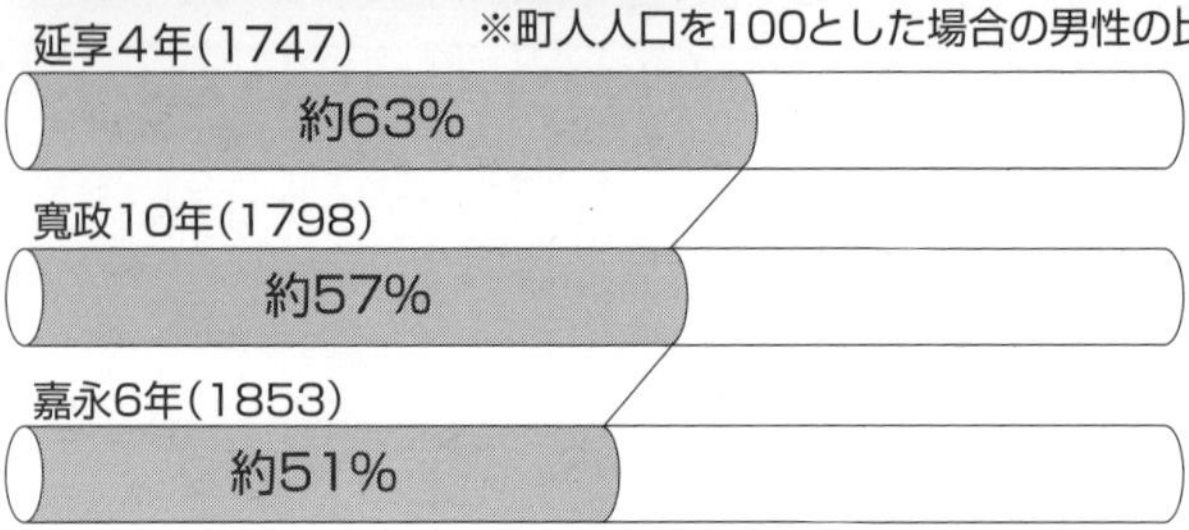
※町人人口を100とした場合の男性の比率
延享4年(1747)
約63%
寛政10年(1798)
約57%
嘉永6年(1853)
約51%

幕末期に近づくにつれ、男女の人口差はなくなっていった。『享保撰要類集』『吹塵録』『市中取締類集』を参考に作成

江戸の町人の人口推移

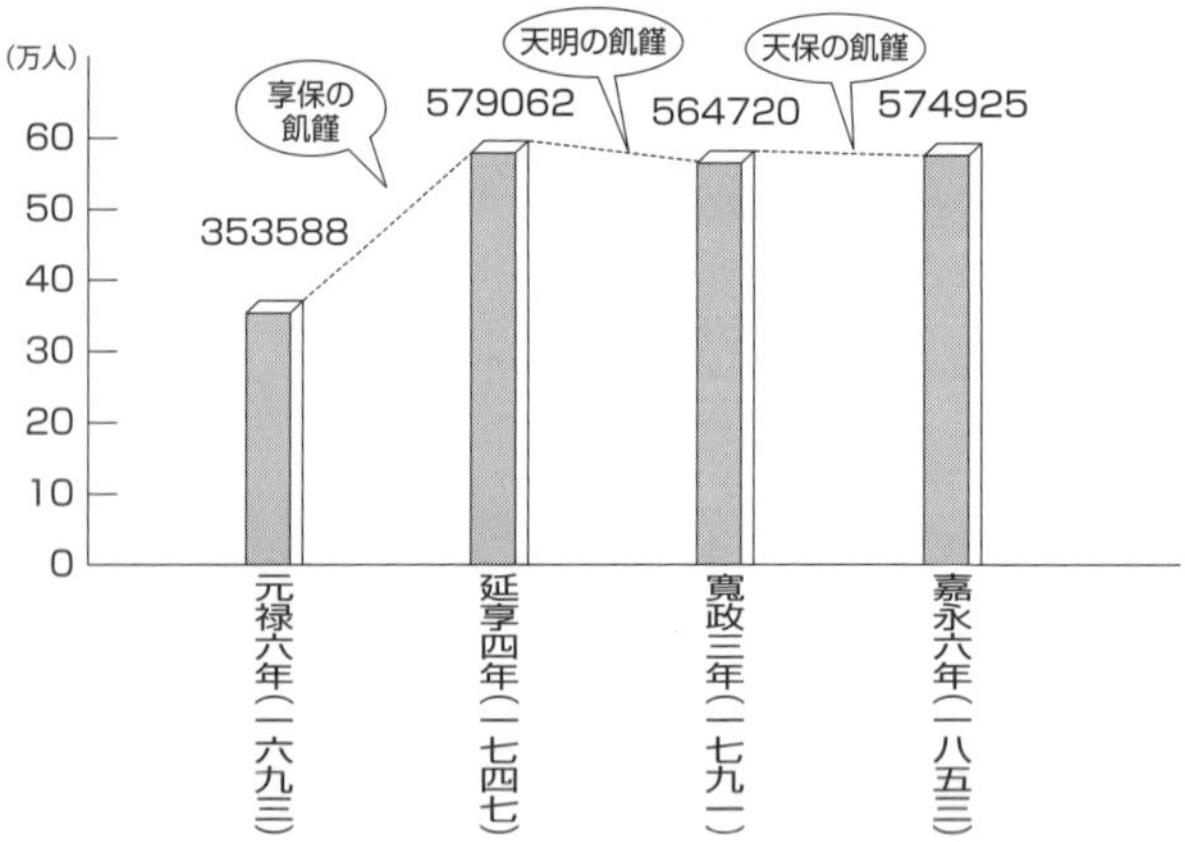
(万人)
60
50
40
30
20
10
0
享保の飢饉
天明の飢饉
天保の飢饉
353588
579062
564720
574925
元禄六年(一六九三)
延享四年(一七四七)
寛政三年(一七九一)
嘉永六年(一八五三)

元禄〜享保〜延享にかけて、町人人口は飛躍的に増加し、その後はほぼ横ばいだった。南和男『幕末江戸社会の研究』を参考に作成

江戸の人口の男女別比率は、男性のほうが圧倒的に多かった。享保六年（一七二一）、幕府がはじめて行なった人口調査によると、町人人口は五〇万一三九四人。そのうち男性は三分の二に達していた。男女別の人口差の拡大はその後も続いたが、幕末期になると、急速に差が縮まっていった。

町人人口で男性が多かったのは、単身で江戸に働きにくる男性が非常に多かったからである。江戸の武家人口数は明らかではないが、町人人口とほぼ同数と推定されている。諸藩の江戸詰武士は単身者が多かったので、武家人口では男性の割合がさらに高く、江戸は男性の町であった。

江戸詰武士、江戸に着くなり…

ふう…
ふふ ふっ
やっと江戸に参ったぞ
江戸はべっぴんが多いと聞くからな…
キョロ キョロ
ひい、ふう、みい…ん?
ドス ドス
女が、いない!
美人どころか、、、
ガビーン

身分によって差は歴然！

武士の町・町人の町

◈山の手には武家地、下町には町人地

江戸は地形的には、西北の台地と、東南の低地からなり、台地の突端部分に江戸城が位置していた。山の手、下町という呼び方があるが、もともと台地の部分を山の手、低地の部分を下町と称し、江戸時代における山の手は現在の港区、新宿区、文京区に相当する地域を、下町は神田、日本橋、京橋の一帯を指していた。

台地の山の手は武士たちの居住地区で、大名の藩邸、将軍直臣の旗本・御家人の屋敷が立ち並んでいた。一方、町人たちは主に低地の下町に住んでいた。

◈町人地の面積は武家地の三分の一以下

江戸の土地の大部分は武家地が占め、町人地はたいへん狭小であったといわれる。実際はどうだったのか。江戸事情に詳しい石川英輔《いしかわえいすけ》氏が、安政年間の江戸地図をもとに、朱引内と墨引内における武家地や町人地の面積を割り出している。

それによると、墨引内では武家地が全面積の五割を占めており、朱引内、墨引内のいずれも、町人地は武家地の三分の一以下。朱引内における町人地の面積は約一六平方キロメートル。すなわち四キロメートル四方の広さ。そんな狭い土地に、五〇万人もの人々（町人）が暮らしていたのである。

他に類を見ない、下町の異常な人口密度！

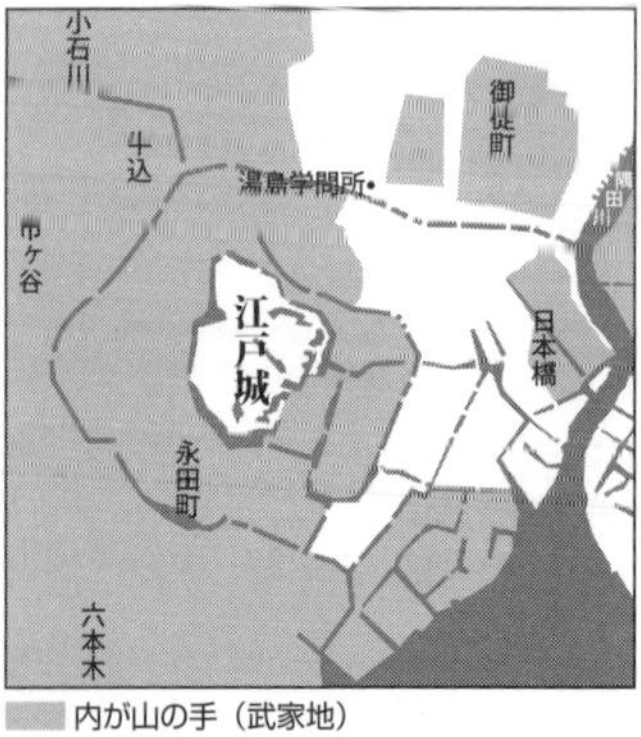

内が山の手（武家地）

山の手の武家地の様子

山の手には幕府役人の邸宅が並んでいた。場所にもよるが人通りは多くない。『アンベール幕末日本図絵』より

下町の町人地の様子

鎌倉町（現・千代田区内神田）にあった豊島屋の白酒売り出し風景。町人地は人でごった返していた。『江戸名所図会』（国立国会図書館蔵）より

◉武士の町・町人の町◉

江戸は農地も多かった!?

江戸時代の新宿

江戸時代の新宿周辺の様子。農地が広がり閑散としていた。『江戸名所図会』(国立国会図書館蔵)より

江戸の土地利用については、武家地の広さと町人地の狭さがよく対比される。しかし、町人地の狭さは、武家地が広かったことにのみ起因しているわけではない。当時、江戸には農地が非常に多かったことも理由の一つに挙げられる。

ヨーロッパや中国などの諸都市は、城壁に隔てられた城郭都市から発達した。しかし江戸の場合は、周辺の農村部を侵食しながら拡大していったため、市街に農地を抱えるかたちになった。

ちなみに、現在からは想像しにくいが、繁華街として知られる新宿や渋谷の周辺は、江戸時代には畑地や水田が一面に広がっていた。

❖主な江戸野菜❖

小松川の小松菜

小松川は小松菜の名前の由来となった地名。八代将軍徳川吉宗が名づけたといわれている。

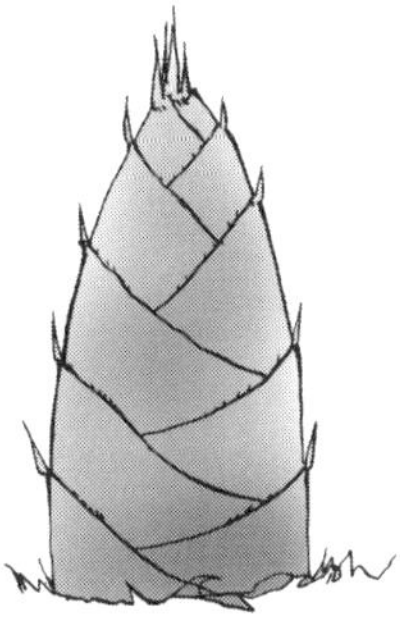

目黒のタケノコ

目黒近辺には竹林が多かったため、タケノコの栽培が盛んだった。

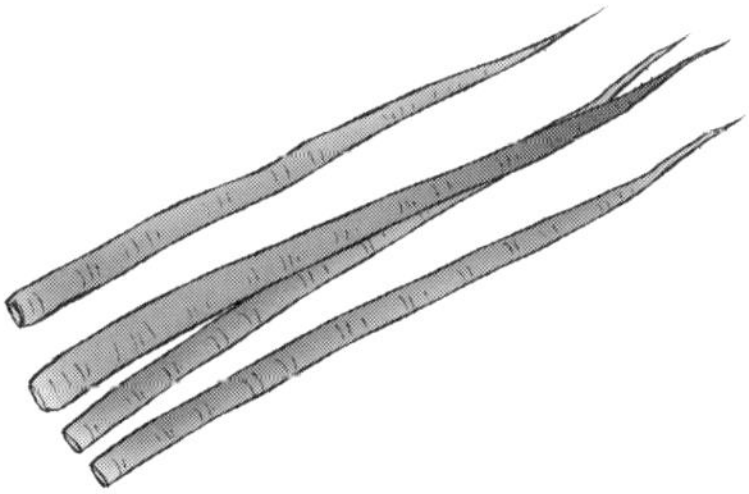

滝野川のニンジン

現在のニンジンとは違い、細長いのが特徴。滝野川近辺ではカブなども盛んに栽培された。

早稲田のミョウガ

早稲田近辺はミョウガの名産地として知られる。現・文京区茗荷谷などでも栽培されていた。

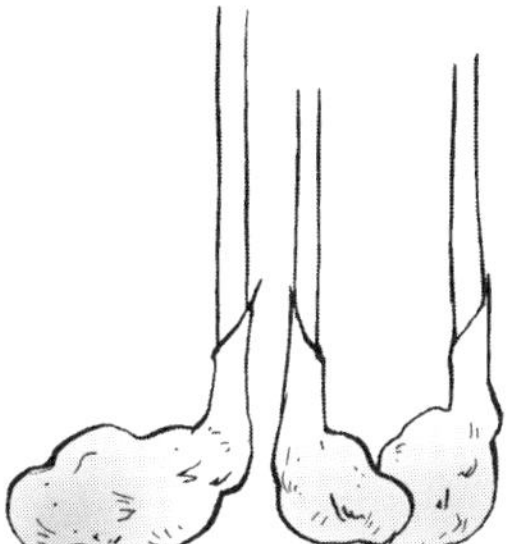

谷中のショウガ

谷中近辺はショウガの名産地として知られ、一帯で栽培が行われていた。

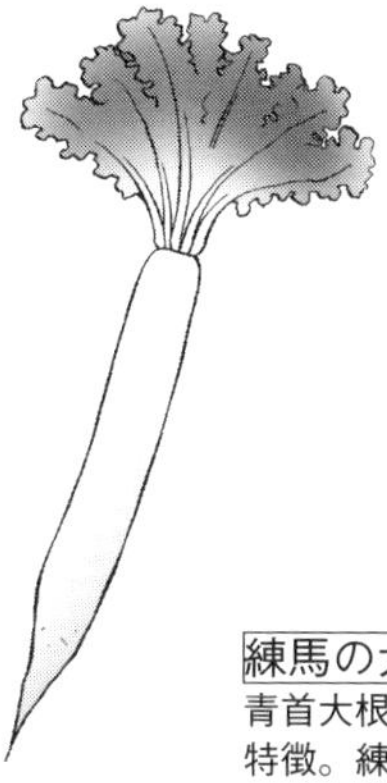

練馬の大根

青首大根よりもやや細長いのが特徴。練馬以外に亀戸大根、三河島大根などもあった。

◉武士の町・町人の町◉

江戸の「町」は通りの両側につくられた

一区画の町の状況（模式図）

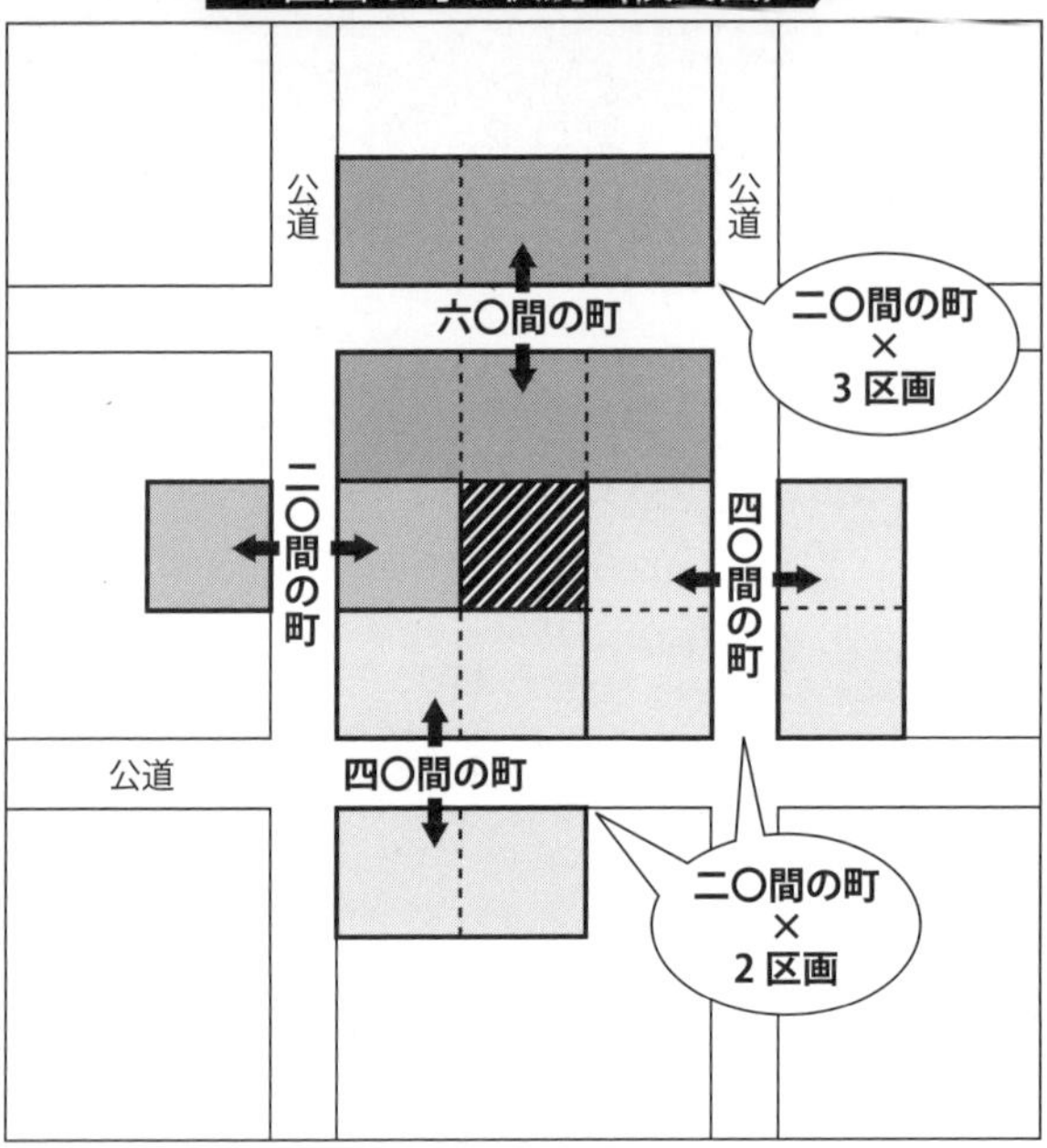
公道
公道
六〇間の町
二〇間の町
×
3区画
二〇間の町
四〇間の町
公道
四〇間の町
二〇間の町
×
2区画

江戸の町はこの模式図のように、「二〇間の町」「四〇間の町」「六〇間の町」の三つの大きさに分けることができる。こうした大小さまざまの町が、18世紀には約1700にまで膨れあがったのである。各町には長屋がほとんど隙間なく立ち並び、非常に人口密度が高かったが、路地には下水などもきちんと整備されていた。

※図の斜線部は会所地（のちに裏店＝横丁）

江戸の町人地の建設にあたっては、京間六〇間《けん》（約一二〇メートル）四方の正方形街区を基準とする碁盤目状の町割《まちわり》（土地区画）が行なわれた。そして通りに面して、間口京間五～一〇、奥行京間二〇間の町屋敷が配置された（上の模式図参照）。もちろん、地形や下水などの組み合わせによって多少の差異はあったが、これが標準的な「町」の規模であった。

ちなみに、現在では通り（道路）によって町が区切られているが、江戸の町では、通りをはさんで向かい合う両側の区画（町屋敷）が一体となって、一つの町を形成していた。これを両側町という。

江戸の町は木戸で仕切られていた

町人たちの生活環境に迫る

町人の住まい・長屋の秘密

壁は極薄！
長屋にプライベートなし！

◈江戸庶民の住宅・裏長屋

町人地にはいたるところに長屋が建っていた。非常に狭かった町人地に五〇万人もの町人が住めたのは、長屋があればこそであった。

長屋には、表長屋と裏長屋があり、家のことを店《たな》ともいったので、表長屋は表店《おもてだな》、裏長屋は裏店《うらだな》とも称した。表長屋は通りに面した長屋であり、その裏に細い路地をはさんで、一棟が数軒から一〇軒前後に仕切られた裏長屋が続いていた。江戸庶民の多くは、その裏長屋に住んでいた。

◈割長屋と棟割長屋

裏長屋には、細長い一棟の家を直角に切り割りして数軒の家に分けた割長屋《わりながや》と、棟を中心に壁で両側に割り、それぞれの側を数軒に仕切った棟割長屋《むねわりながや》があった。割長屋は表から裏へ吹き抜けになっていたが、背中あわせに二列の住戸が並ぶ棟割長屋では、両端の住戸以外は三方が隣り合わせになっていたので風通しが悪く、また壁も薄かったため、隣家の物音がよく聞こえた。家賃は当然、棟割長屋のほうが安かった。

◈九尺二間の裏長屋

庶民が住んでいた裏長屋一軒の広さは九尺二間《くしゃくにけん》が一般的であった。そのサイズについては、戦国時代の根小屋《ねごや》（寝小屋）に由来するといわれる。戦国時代は山城が多く、麓に兵卒の休泊所（根小屋）があった。粗末なつくりで、標準的な広さは九尺二間だった。それが、江戸時代にも踏襲され、大名屋敷の長屋とともに、庶民の裏長屋も九尺二間になった。

長屋の入り口

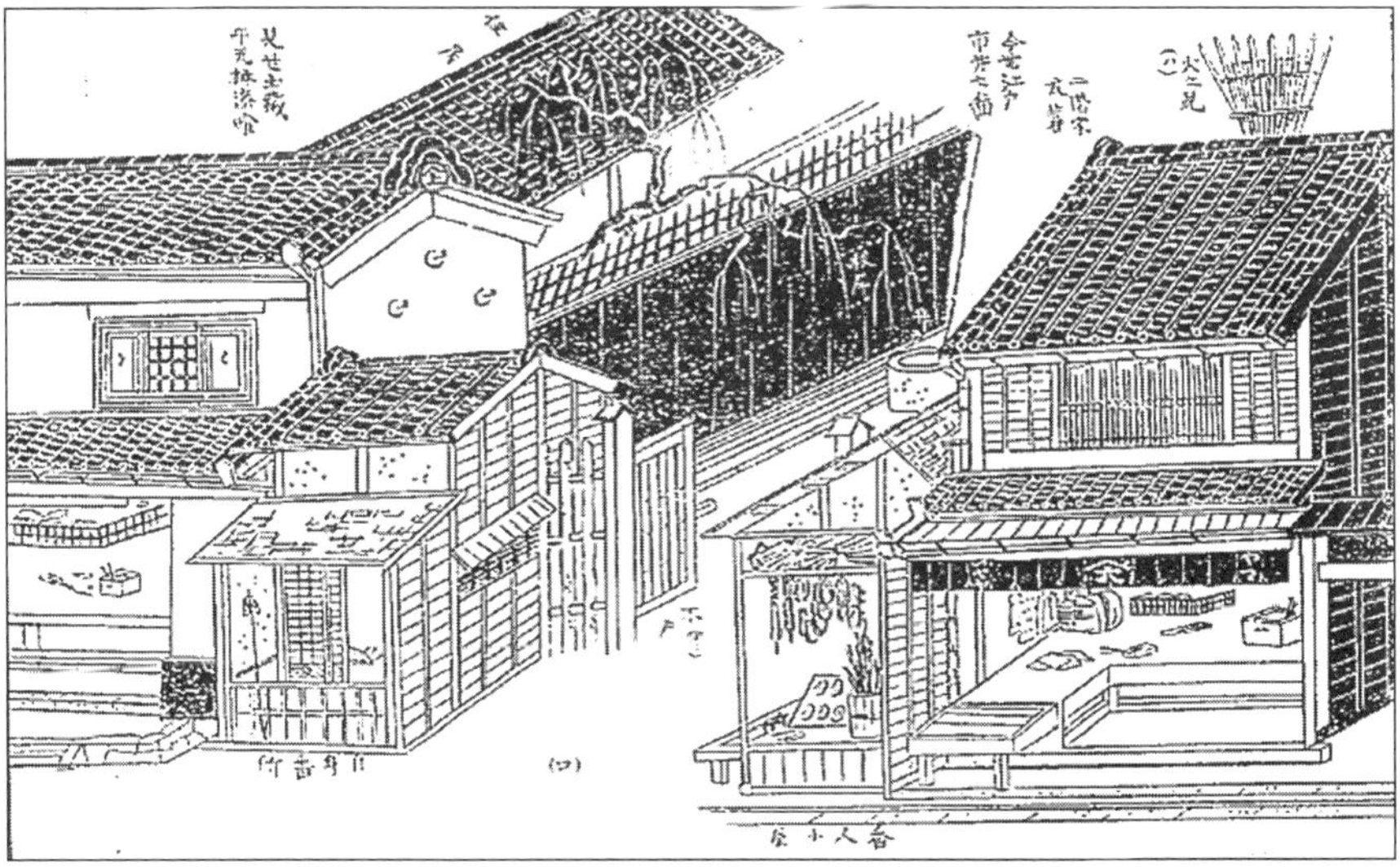

左奥に見える屋根が住居。左手前には自身番所が、その横には木戸が見える。『類聚近世風俗志』（国立国会図書館蔵）より

長屋の平面図

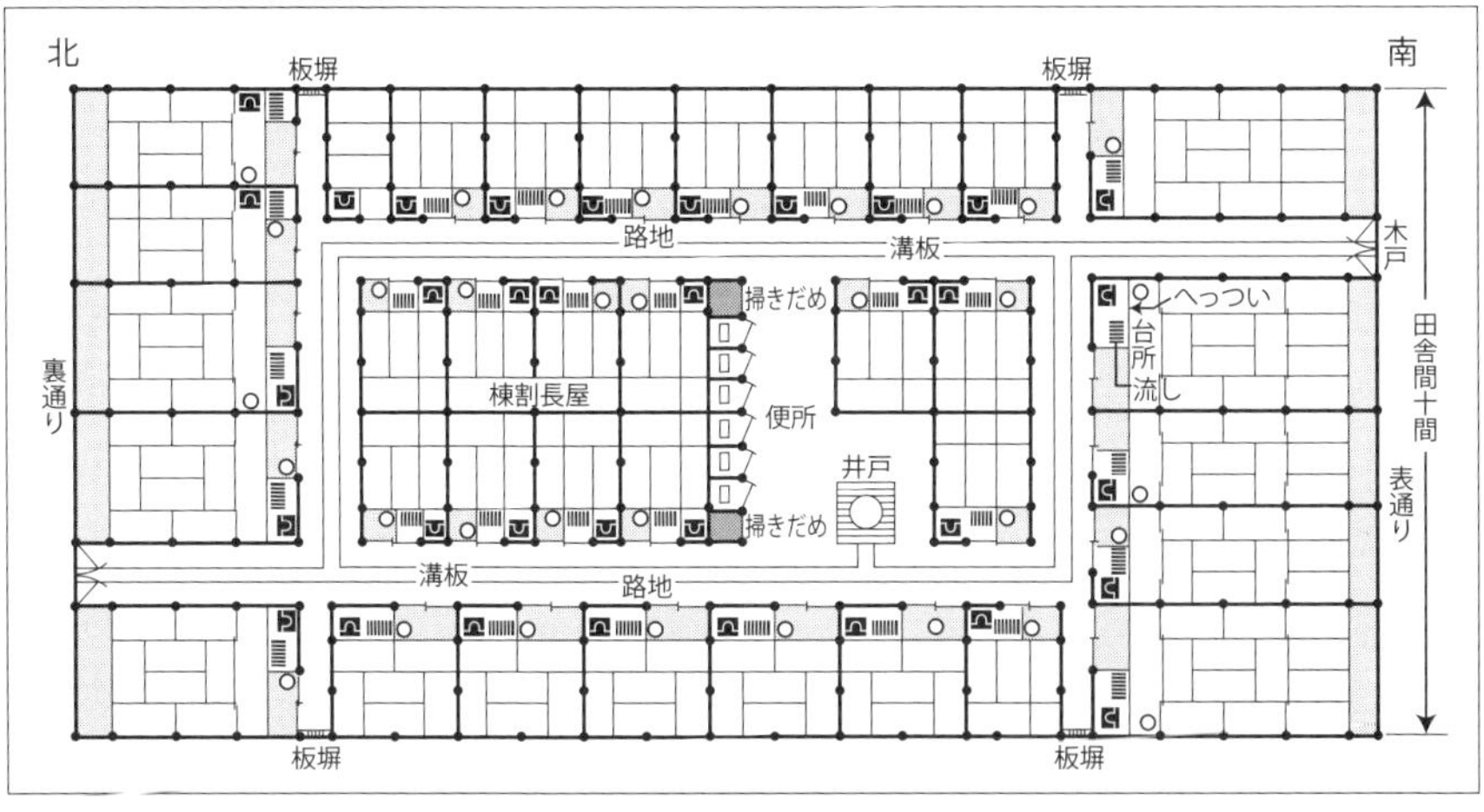

京橋柳町に実在した長屋の平面図。中央部には井戸や便所がある。

◉町人の住まい・長屋の秘密◉

居間は四畳半一間だけ

裏長屋の内部

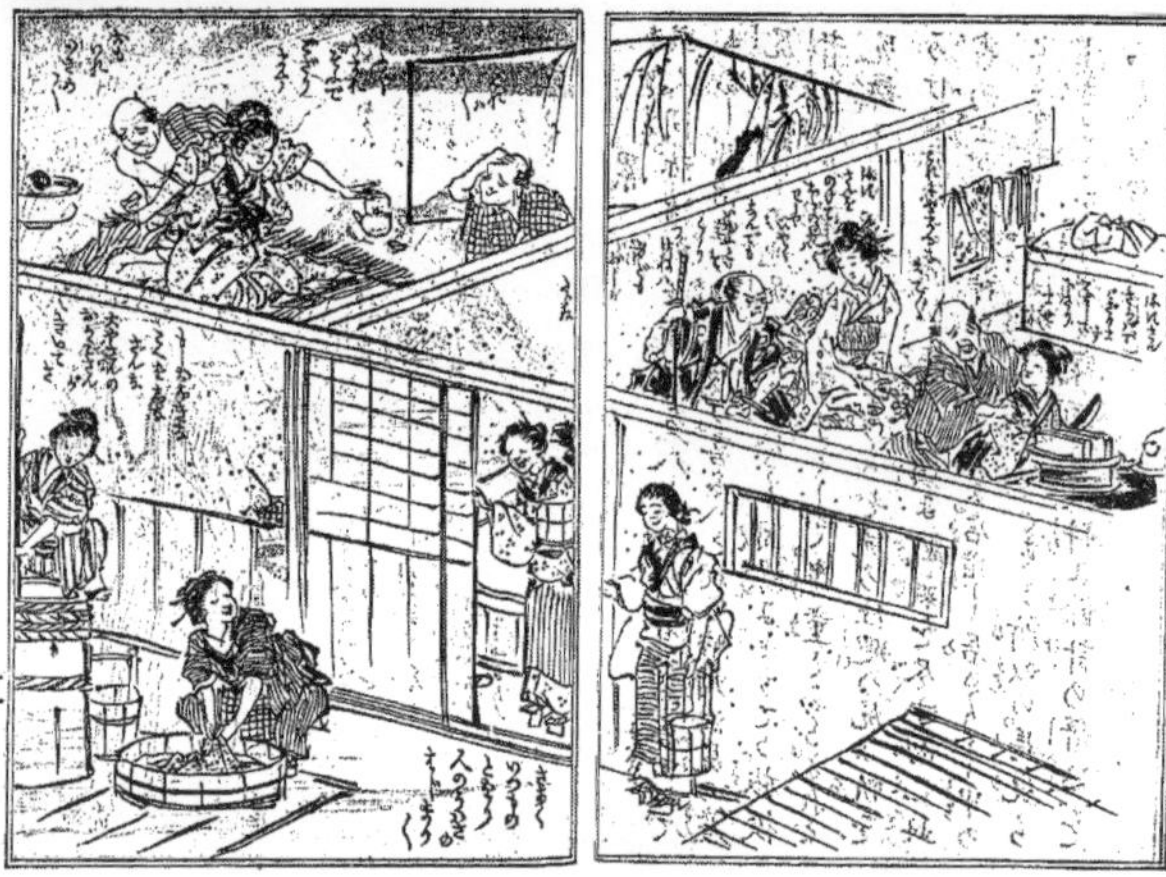

部屋が広く見えるように描かれているが、一部屋一部屋がそれぞれ一軒の家になっている。『東海道中膝栗毛』（国立国会図書館蔵）より

裏長屋の住人

家が狭いためか、裏長屋の住人が玄関先で歯を磨いている。『菊寿の盃』より

九尺二間の裏長屋をのぞいてみよう。家全体の広さは九尺二間、すなわち間口が九尺（約二・七メートル）で、奥行きが二間（約三・六メートル）。畳に換算すると、約六畳分の広さであった。

下部が板で上部が障子になっている引き戸を開けると、まず一畳半ほどの土間があり、このスペースが玄関と台所を兼ねていた。したがって居間、寝室として使えるのはわずか四畳半くらいしかなく、家族全員がこのスペースで暮らしていたわけである。

また、土間と居間とのあいだには仕切りがなかったため、居間は玄関から丸見えの状態であった。

❖長屋の内部❖

装飾用の花などを
置く家もあった。
壁に暦を貼ってい
る。暦も必需品で
あった。
家の隅には枕びょ
うぶを置いてい
る。内側には寝具
がある。
暖房器具は火鉢の
み。寒い時期は火
鉢で暖をとってい
た。

◉町人の住まい・長屋の秘密◉

九尺二間のシンプルライフ

長屋の主な家財道具

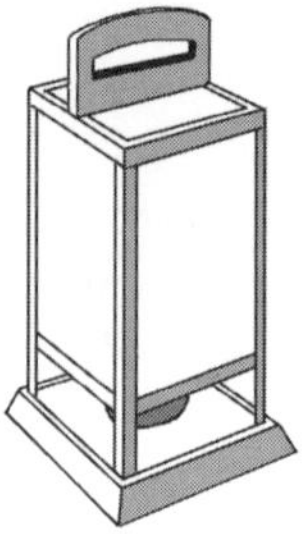

行灯

唯一の照明具。

桶類

炊事等の必需品だった。

台と小物

小物は必要最低限にとどめていた。

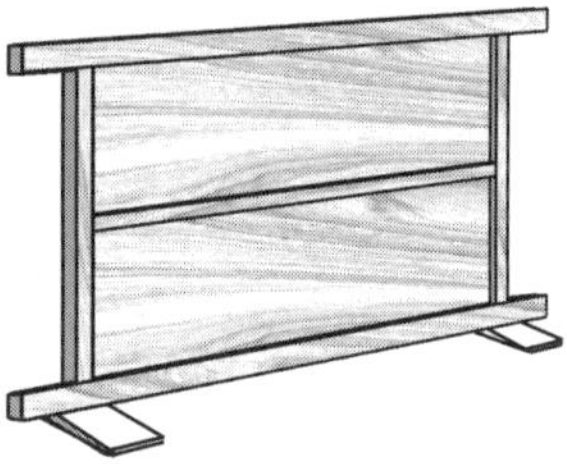

衝立

夜具を隠したり、寝るとき寒くないよう枕もとに立てたりした。

裏長屋では入り口には台所があり、炊事に必要な道具として、竈《かまど》、木製の流し、水瓶《みずがめ》などが備わっていた。魚を焼いたりするときには七輪を使用し、食事の時はそれぞれが個人専用の膳《ぜん》（一人膳）を持ち出していた。夜具（布団）は日中はたたんで部屋の隅に置き、衝立《ついたて》などで隠しておく。照明は行灯《あんどん》のみで、冬の暖房には火鉢だけが頼りだった。

こうして見ると、現代人の住まいとは異なり、長屋で暮らす江戸庶民は、必要最低限の家財道具のみで、シンプルに生活していた。

そのため、どの家をのぞいてみても、家財道具に大差はなかったのである。

長屋の家財道具は最低限のものだけ

◉町人の住まい・長屋の秘密◉

プライバシーはないけれど…

長屋の井戸端の様子

子どもをあやす乳母、水汲みをする下女、そして洗濯をする女など、井戸の周りにはさまざまな女性たちが集まってきた。『絵本時世粧』より

隣家とは非常に薄い板で仕切られていただけの長屋では、プライバシーなどはないも同然だった。オナラの音ですら、隣に聞こえてしまうほどである。しかし、そんな環境だからこそ、住人たちは互いに隠し事ができず、かえって親密な付き合いが生まれた。

「椀と箸　持って来やれと　壁をぶち」という川柳がある。おいしい食べ物が手に入ったのだろう。壁をトントンと叩いて隣の住人を食事に誘う。余分な椀や箸はないので、「椀と箸だけは持ってこい」と声をかけるのである。

長屋には、そんな開けっぴろげで、親しい近所付き合いがあったのである。

親密すぎる長屋の実態⁉

今帰ったぞ！
今日はな、
でっかいのが
釣れたぜ！
まあ！　本当！
早速、
お隣さんにも…
ルン
ルン
おいおい、
今日は大漁だって！
やったじゃねえか！
ワイ
ワイ
俺も
俺も
いやあ、
皆で食べる夕餉《ゆうげ》は
格別だぁね！
ワイ
ワイ
ワハハ
長屋の住人
全員じゃ
ねえか…

面目重視の武士の生活環境

江戸の武家屋敷

武家屋敷もピンキリ
身分によって大きく
変わる

◈大名は複数の屋敷を所有

江戸の城下町は、諸大名と直《じき》参《さん》の旗本・御家人の屋敷地が広大な面積を占めていた。

大名とは通常、将軍直属で、将軍より一万石以上の領地を与えられた武士を指す。俗に「三百諸天侯」といわれるが、実際の大名数は年代によって異同があり、二六〇～二七〇家ほどであった。大名には幕府から複数の屋敷地が与えられ、用途によって上屋敷、中屋敷、下屋敷と呼ばれた。大名によっては、それ以外に自ら購入した屋敷（抱屋敷《かかえやしき》）も所有していた。

上屋敷は江戸における本邸で、藩主とその家族が住み、江戸詰藩士の住居も屋敷内に設けられていた。中屋敷は隠居した藩主や継嗣《けいし》（世継ぎ）などの屋敷、下屋敷は藩主の別荘あるいは倉庫として使われた。

屋敷の大きさに差はあったが、いずれの屋敷も道路に面して門が立ち、玄関を設けた書院造りになっていた。門と玄関は名主以外の町人には許されなかった。

◈旗本・御家人の屋敷

旗本と御家人を総称して直参という。旗本は将軍に拝謁《はいえつ》を許された「御目見《おめみえ》以上」の上級武士、御家人は拝謁できない「御目見以下」の武士をいう。旗本の数は五二〇〇人前後。御家人は一万八〇〇〇人前後。

旗本・御家人の屋敷地は大名屋敷と同じく幕府から与えられた。上級の旗本のなかには下屋敷を有する者もいた。旗本の多くは個別に屋敷地を与えられたが、下級武士（御家人）は所属する役職ごとにまとまって屋敷地を与えられた。これを組屋敷《くみやしき》という。

❖旗本・御家人とは❖

旗本と御家人の違い

	旗本	御家人
将軍との拝謁	○	×
人数（江戸中期）	5300人前後	18000人前後
俸禄	約4割が知行取り 約6割が蔵米取り	蔵米取りが基本

江戸幕府における旗本と御家人の立場

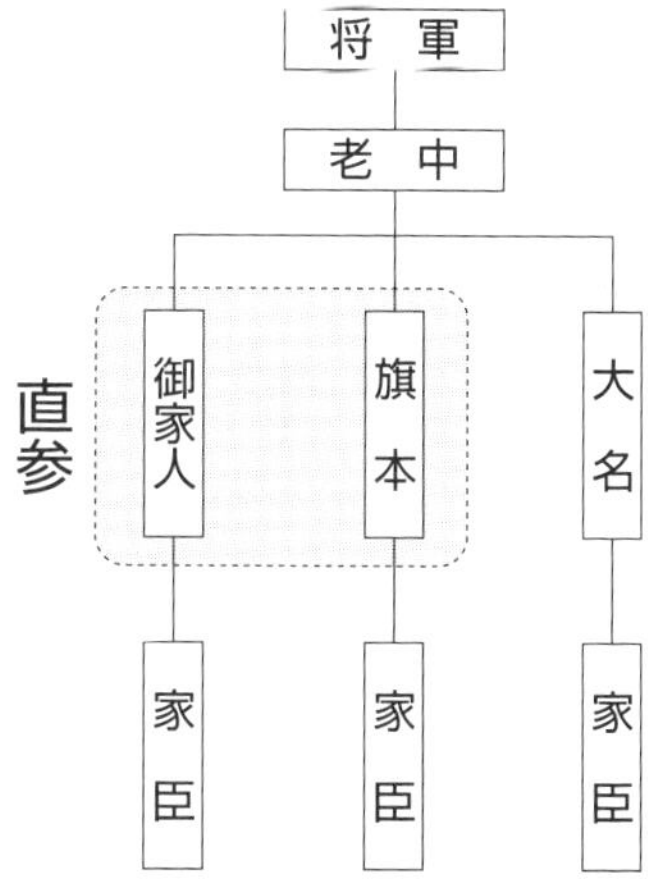

旗本と御家人は知行1万石未満。直参のため立場はよかった。ちなみに老中の上には場合により大老が置かれ、いずれも大名（譜代〈ふだい〉）が任命された。

武家屋敷での酒宴

武家屋敷で開かれた酒宴の一幕。わいわい料理を食べる者、寝そべる者、庭で相撲を取る者など、ドンチャン騒ぎの様子が伝わってくる。『絵本金花談』より

◉江戸の武家屋敷◉

広大な大名屋敷

大名屋敷の外観

敷地面積が広い大名屋敷。絵は邸宅に使者が訪れたところ。『老中の邸宅』より

江戸には約六〇〇もの大名屋敷があり、いずれも広い敷地を有していた。

これは、石高に応じて大名屋敷の敷地面積の基準が設けられていたためである。たとえば、一万石から二万石の小大名の場合、二五〇〇坪の土地をもらっていたが、さらに石高の高い大名ともなれば、その広さは格段に跳ね上がる。

本郷にあった加賀藩前田家の上屋敷は一〇万三八二二坪、小石川にあった水戸藩徳川家の上屋敷は一〇万一八三一坪、市ケ谷にあった尾張藩徳川家の上屋敷は七万五二〇五坪。

このように、江戸には数万坪を数える屋敷がいくつも存在していた。

❖石高によって変わる大名屋敷の門構え❖

国持大名の門

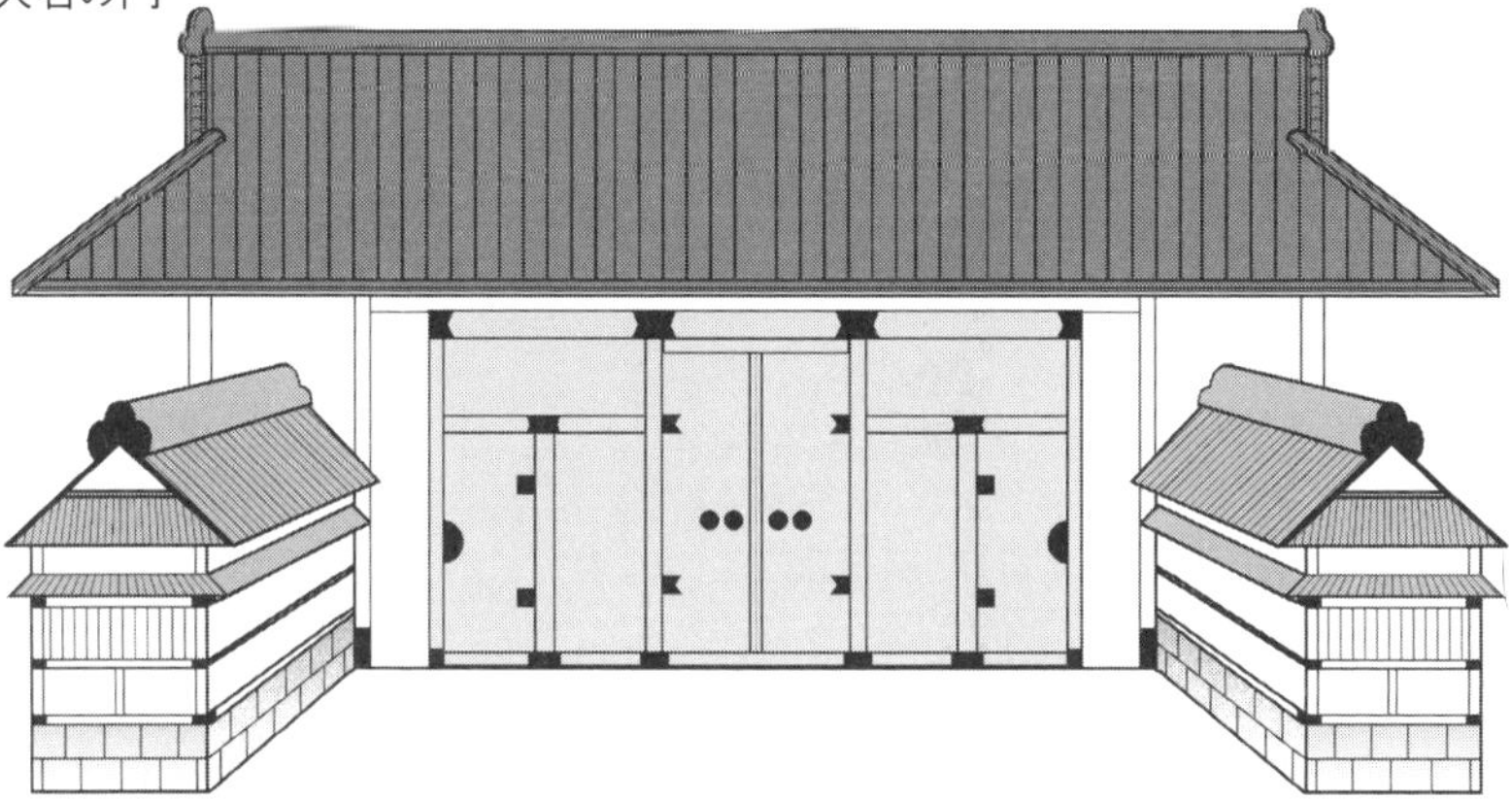

門が独立していて、その両側に番所がある。

10 万石以上の大名の門

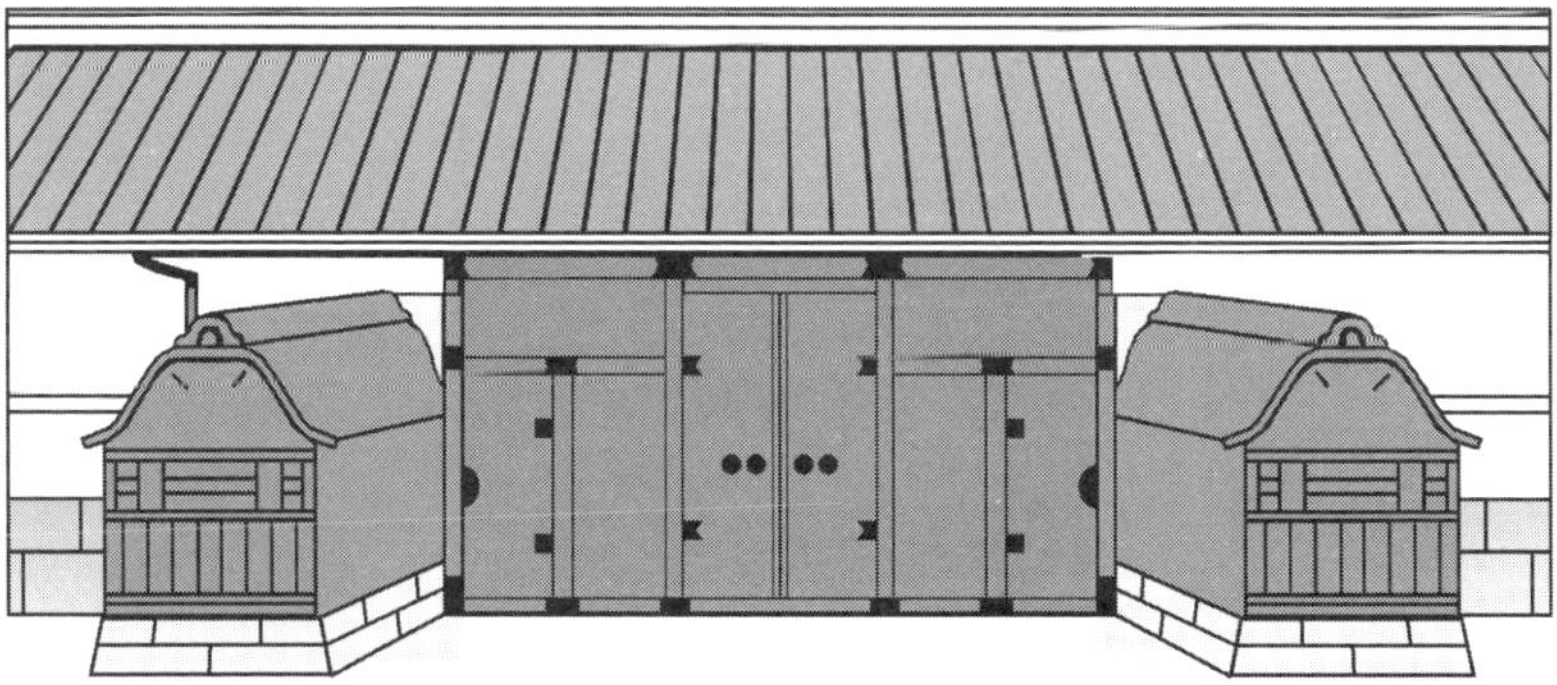

屋根が本破風になっていて、門の両側に番所がある。

5 万石前後の大名の門

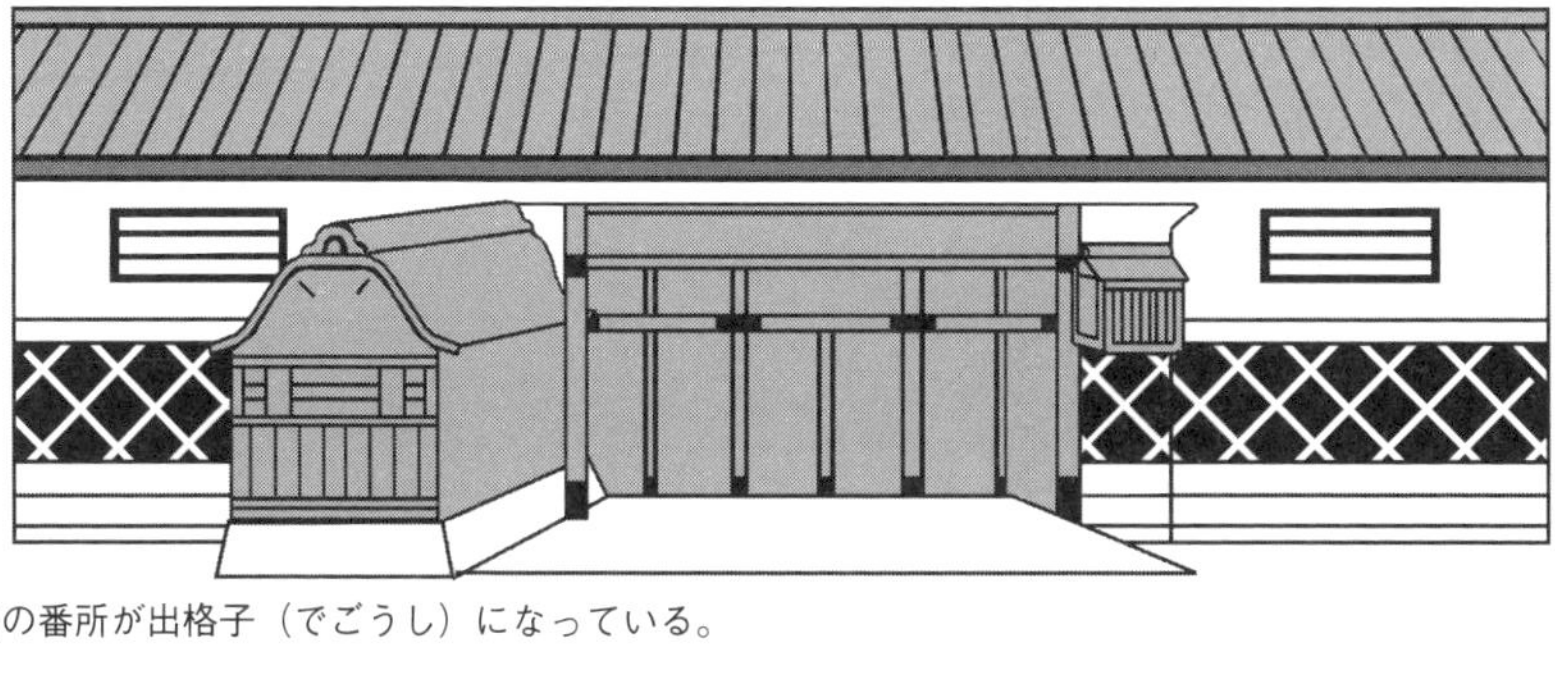

片側の番所が出格子（でごうし）になっている。

◉江戸の武家屋敷◉

番町の旗本、八丁堀の与力・同心

江戸時代、八丁堀界隈の地図

松平越中守の屋敷を囲むように組屋敷が立ち並ぶ。『築地八丁堀日本橋南繪圖』（国際日本文化研究センター蔵）より

皇居（江戸城）の西に「番町」という地名がある。これは旗本の大番組の屋敷があったことに由来する。旗本は番町のほか、市ケ谷、牛込、駿河台、本所などに屋敷をもらっていた。

御家人の組屋敷は四谷、市ケ谷、八丁堀などにあった。八丁堀の組屋敷は町奉行所の与力や同心が住んだことで有名である。JR山手線の駅名の「御徒《おかち》町《まち》」も、この地に御徒組の組屋敷があったことに由来する。

column

武士は本当に「ござる」といったのか

テレビの時代劇や時代小説に、「…でござる」という武士のセリフがよく登場する。「ござる」のルーツは「おはす」（おわす）。それを漢字で「御座」と書いたのを、「ござ」と音読みし、「あり」をつけて「ござあり」となり、それを略したのが「ござる」で、実際に武士のあいだで用いられた。

❖同心たちの捕り物の図❖

打ち込みという道具を用いている。直径40～50センチほどの輪っかを逃走する者の首や手に打ちかけて、引き倒す。

鉤縄（かぎなわ）という道具を用いている。鋼鉄の小鉤を縄の先端に結びつけており、逃走する者の襟や帯に鉤を投げつけて捕らえる。

単なる棒を用いて逃走する者を捕まえている。足元に棒を投げつけることで、足の動きを封じ、転倒させる。

第二章 お仕事事情

江戸っ子たちは、どのようにして生計を立てていたのか。
町人のバラエティに富んだ商売から武士のお仕事まで、江戸の労働環境に迫る。

バラエティに富んだ職業の数々
町人たちのお仕事

仕事探しに困らない
無数に存在した
江戸の商売

◆江戸は職人の町でもあった

江戸時代は職人の時代といわれるほど、さまざまな職人が江戸に居住していた。紺屋《こんや》町、白《しら》壁《かべ》町、鍛冶《かじ》町、鍋《なべ》町、大工《だいく》町などの町名は職業名が由来となっており、紺屋町には染物職人が、白壁町には左官が多く住んでいた。

職人には、大別して居職《いじょく》と出《で》職《しょく》の二種類がある。居職とは指《さし》物《もの》師、表具師、塗師、鋳物師など、家のなかで作業する職人をいい、出職は大工、左官などのように外の現場に出かけて作業する職人をいう。江戸では火災が頻発し、建築に関する仕事の需要が極めて多かったので、大工、左官などの出職をする人口が多かった。

◆行商人と棒手振り

日本最大の消費都市だった江戸には、さまざまな商売が存在した。特に多かったのが行商人で、町にはいたるところに行商人の姿が見られ、生活に必要な商品を売り歩いていた。

そもそもなぜ行商人が多かったのか。江戸時代は冷蔵庫などはなかったので、食品は買いだめせず、食べる分だけを行商人から求めた。朝になると納豆売りや豆腐売りが、昼になると野菜売りや魚売りがやって来た。彼らは商品を天秤棒でかつぎ、商品名を触れ込みつつ売り歩いたので、棒手振《ぼてふ》りと呼ばれた。

行商人が扱う商品は食料品をはじめ、針、炭、油、箒《ほうき》、手拭《てぬぐ》い、団扇《うちわ》、小間物など、多種多様。それぞれが売り歩く地域はほぼ定まっており、顧客もだいたい固定していた。生活必需品や日用品を売りに来る行商人は江戸庶民にとっては大変便利な存在であった。

❖さまざまな行商人❖

でんでん太鼓売り

竹の棒の先に巻いた藁（わら）に、子供の遊具用の太鼓を差している。『教訓跡之祭戯単』より

しゃぼん玉売り

江戸時代、しゃぼん玉は非常に人気が高く、実演するたび人が集まった。『類聚近世風俗志』（国立国会図書館蔵）より

枇杷葉湯（びわようとう）売り

枇杷葉湯とは、乾燥させた枇杷の葉に肉桂などを混ぜたもの。暑気あたりや下痢などに効果があったという。『四時交加』より

小間物屋

背に大荷物を背負い、家々を回る。主に女性相手になるため話術も必要だった。『仇敵碪打手』より

弥次郎兵衛売り

弥次郎兵衛など、子供の玩具（おもちゃ）を売る行商人も多かった。指先などにのせ、実演しながらの販売。『一蝶画譜』より

冷水売り

暑い夏の日に、冷たい湧き水を桶に入れ、市中を売り歩いた。『四時交加』より

◉町人たちのお仕事◉

職人ランキング、一位は大工

諸職人大番附

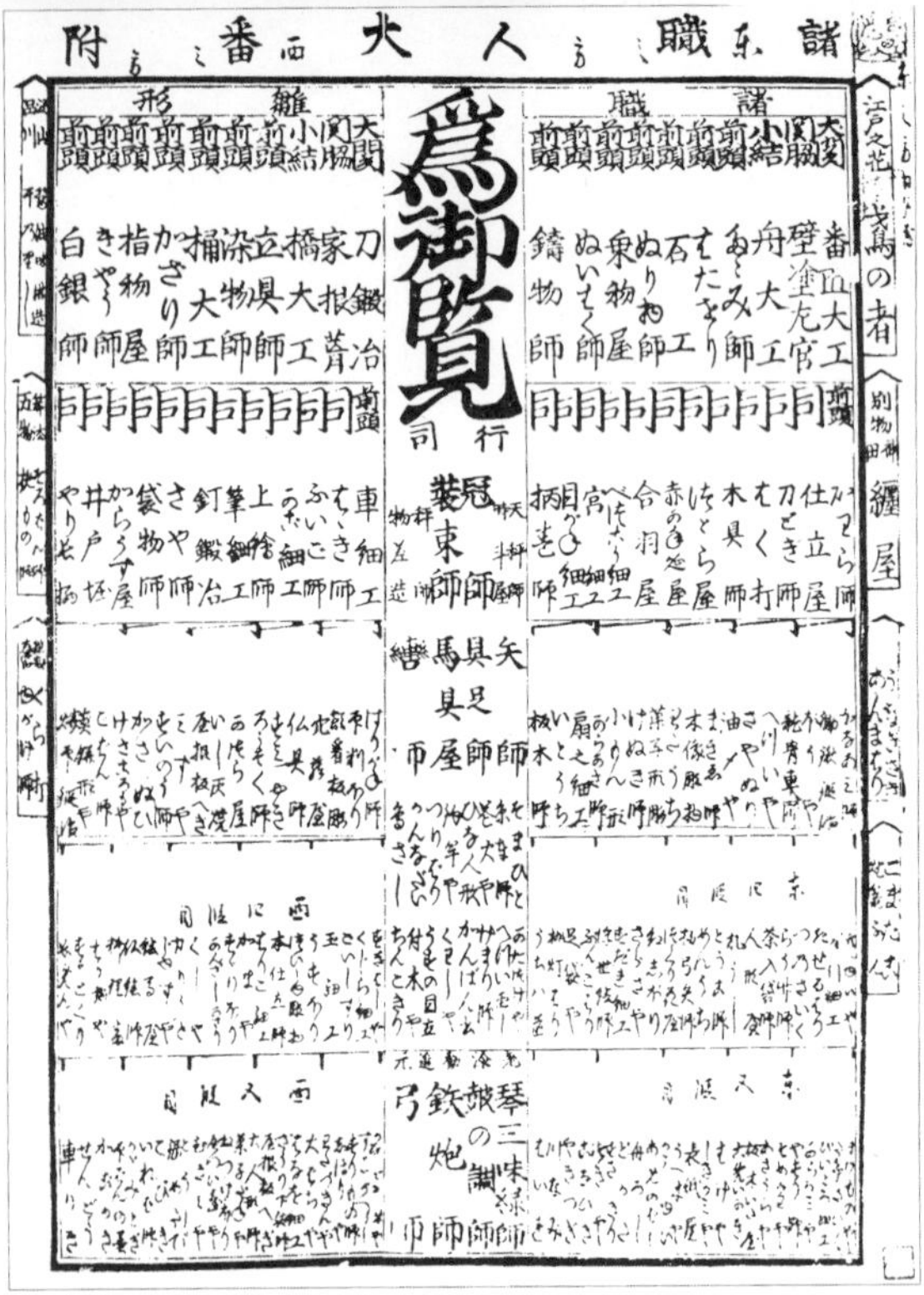

江戸時代は各種番付が大人気。上記番付の上位には大工の他に染物師、桶大工などの職業が並ぶ。『諸職人大番附』（三井文庫蔵）より

世評などをふまえて、職人の格式や重要度をランク付けした『諸職人大番附』というものがある。江戸時代後期（天保期以降）の発行と推定されるこの番付には、一四二の職人（職種）がとりあげられ、相撲の番付表にならって、東西に分けたかたちでランク付けされている。

　これを見ると、当時どんな職人、職種が重要視され、人気を集めていたのかが浮かび上がってくる。

　ベストスリーは、東が一番（大関）・番匠大工（家大工）、二番（関脇）・壁塗左官、三番（小結）・舟大工。西が一番（大関）・刀鍛冶、二番（関脇）・家根葺、三番（小結）・桶大工となっている。

番付に一喜一憂する江戸っ子たち

◉町人たちのお仕事◉

にぎわうリサイクル業

古着屋の商売風景

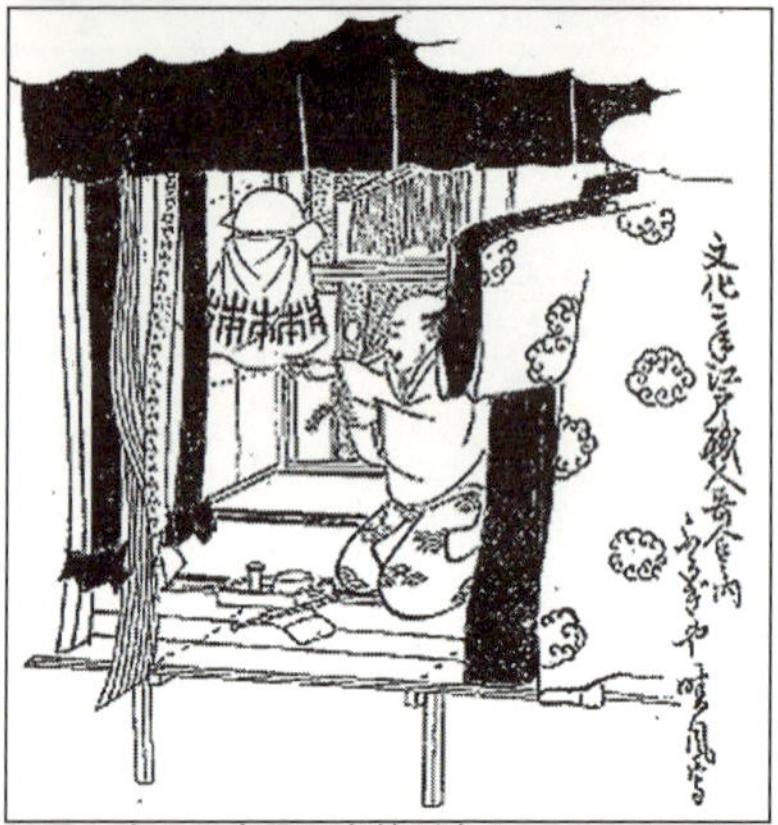

江戸の人々の衣服は古着が多かった。そのため江戸には古着屋がたくさんあり、大変にぎわっていた。『実業の栞』（国立国会図書館蔵）より

紙屑買いの様子

右半分が紙屑買いの絵。籠（かご）をかつぎながら、一軒一軒紙を買い歩いた。秤（はかり）をもって紙の重さを量っているところ。『児訓影絵喩』（早稲田大学図書館蔵）より

江戸時代はリサイクル社会だった。人々はものを大事に使い、壊れると修理して徹底的に使った。そのため江戸にはさまざまなリサイクル業があった。

雪踏《せった》直し、下駄の歯入れ、瀬戸物焼接《やきつぎ》、提灯《ちょうちん》の張り替えなどの修理・修繕業。古傘買い、紙屑買い、灰買いなどの回収業。また、庶民は衣服を古着屋で求めたため、江戸時代中期には、江戸で古着商売に関わる人が三〇〇〇人あまりもいた。

column

江戸にも“サラ金”があった

お金に困ったとき、江戸庶民はどうしたのか。現代には手軽にお金を借りることができる消費者金融（街金、サラ金）があるが、実は江戸時代にも同様のものが存在した。江戸の庶民が利用した金融としては、「日済金」「月済金」「烏金」「百一文」など。いずれも非常に高利であった。

❖さまざまなリサイクル業❖

古傘買い

上方の古傘買い（右）は、土瓶や雪平鍋などと傘を交換した。それ対し江戸（左）では交換は行なわずに傘を買い取った。『類聚近世風俗志』（国立国会図書館蔵）より

銅壺・やかん直し

修理道具を持ち歩き、その場で修理を行なった。絵はふいごを用いているところ。『曲亭一風京伝張』より

下駄の歯入れ

町を歩いて注文をとり、その場で古い歯を新しい歯に入れ替えた。『街の姿』より

錠前直し

破損した鍵を修理して歩いた錠前直し。右が上方風で道具を棒で担い、左が江戸風で道具を肩に乗せて歩いた。『類聚近世風俗志』（国立国会図書館蔵）より

焼接屋

割れた瀬戸物を、白玉粉を使って修繕した。絵は割れた瀬戸物を集め歩いているところ。『守貞謾稿』より

灰買い

買われた灰は灰問屋に集められ、そこから製糸業者や染色業者などに売られた。『守貞謾稿（もりさだまんこう)』より

◉町人たちのお仕事◉
「蠟燭の流れ買い」ってどんな商売？

❖「蠟燭の流れ買い」お仕事風景❖

液状の蠟を棒の形に整えて、再生させている。
蝋燭の燃えきっていない部分を買い集め、熱して液状にする。

当時貴重品だった蠟燭は、こうしてリサイクルされていた。『類聚近世風俗志』を参考に作成

江戸時代には多種多様な商いがあり、何でもビジネスになった。なかでも珍妙な商売の一つとしてあげられるのが「蠟燭《ろうそく》の流れ買い」。蠟燭に火をつけると、蠟が溶け、それがしずくとなって落ち、下にたまる。櫨《はぜ》や漆《うるし》などから採る蠟はたいへん貴重だったため、蠟燭から流れ落ちた蠟は買い集められ、再利用された。風呂敷を背負い、秤をもった行商人が、家々を回って蠟を買い取った。

column

正月屋で売っていたものとは!?

「正月屋」と呼ばれた商売があった。正月用の品を売っていたわけではない。売っていたのはお汁粉。正月屋とは汁粉屋のことである。なぜ正月屋と呼ばれるようになったのかといえば、理由は単純。正月の食べ物といえば雑煮。汁粉屋では雑煮も売っていたため正月屋と呼ばれるようになったという。

❖そのほかのおもしろ商売❖

おちゃない
女性の髪の毛を買い歩いた。集められたものはかもじ（添え髪）として再利用された。『人倫訓蒙図彙』より

銭緡（ぜにさし）売り
「銭緡」は藁をよって作った紐で、一文銭、四文銭などの中心にある穴に通して銭を束ねた。『守貞謾稿』より

竹田のつもり細工売り
からくり人形を踊らせながら売り歩く、一種の実演販売を行なった。『大昔野暮人時分』より

賃粉切り
煙草の葉を刻む職人で、賃金を取って刻むことからこう呼ばれた。『職人尽発句合』より

唐人飴売り
派手な衣装を身につけ、太鼓などを持ちながら珍妙なセリフを口にして売り歩いた。『四時交加』より

お咄（はなし）売り
富突き興行（現在の宝くじのようなもの）の当たり番号を紙に刷ったものを、「おはなしおはなし」と呼びながら走り回って売った。『街の姿』より

仕事にも格式が大事
武士の勤め

お気楽仕事の武士
大変なのは
職につくまで！

◈「番方」と「役方」

幕府の役職は、軍事職（武官）の「番方《ばんかた》」と行政職（文官）の「役方《やくかた》」に分けられる。初期は番方が重視されたが、政治の安定、行政の複雑化に伴い、次第に役方が重きをなしていった。

旗本がついた番方の重要な役職には、江戸城の警備や将軍の護衛を任務とする大番《おおばん》、書院《しょいん》番《ばん》、小姓組《こしょうぐみ》、新番《しんばん》、小十人組《こじゅうにんぐみ》があり、これを五番方《ごばんかた》と呼んだ。役方の代表的な役職には町奉行や勘定奉行があった。これら全て数えると、天保年間に旗本が就任できた役職は一八二種あった。

◈御家人の役職は二四八種

御家人は家格によって譜代《ふだい》、二半場《にはんば》、抱入《かかえいれ》（抱席《かかえせき》）の三階級に分けられた。天保年間、御家人が就任できた役職は二四八種あったが、そのほとんどは家格によって決められ、譜代は鳥見《とりみ》や天守番《てんしゅばん》、二半場は奥坊主や表坊主、抱入は徒《かち》や代官手附などの役職についた。

◈江戸詰武士

江戸には諸大名の家臣もいた。藩主の参勤交代にともない、江戸へ出て勤めにあたることを「江戸勤番」や「江戸詰」という。勤番武士には参勤交代で江戸に到着するとすぐに帰国する「立《たち》帰《かえ》り」、江戸藩邸に長期滞在する「定府《じょうふ》」などの役もあったが、藩主とともに一定期間、江戸に滞在する役を一般に「江戸詰」と呼ぶ。江戸詰武士の多くは単身で江戸の大名屋敷内の「勤番長屋」で暮らしていた。

ちなみに江戸詰武士の勤務は、国許での御城勤めと基本的に同じであった。

❖旗本・御家人の主な役職❖

旗本	役方（文官）		町奉行	領内都市部（町方）の司法、行政を行なう。
旗本	役方（文官）		勘定奉行	幕府の財政、年貢の徴収などを管理する。
旗本	番方（武官）	五番方	大番	江戸城や二条城、大坂城の警備を行なう。
旗本	番方（武官）	五番方	書院番	江戸城内の警備と将軍の護衛を行なう。
旗本	番方（武官）	五番方	小姓組	書院番と同様、江戸城内の警備などを行なう。
旗本	番方（武官）	五番方	新番	五番方で最後に設置された役職で、将軍の身辺警護などを行なう。
旗本	番方（武官）	五番方	小十人組	将軍およびその子息を警備する歩兵隊のようなもの。
御家人	譜代		鳥見	将軍が鷹狩りなどをするための準備と鷹狩場の管理。
御家人	譜代		天守番	天守閣の管理（江戸城天守の焼失後は、天守台の管理）。
御家人	二半場		奥坊主	将軍の私的な部屋での世話を担当。
御家人	二半場		表坊主	将軍の公式な場での案内、取次ぎ、給仕を担当。
御家人	抱入（抱席）		徒	江戸城内の巡察、取り締まりなど。時に大名たちの隠密調査なども行なった。
御家人	抱入（抱席）		代官手附	各地に置かれた代官の下役。

将軍の牧狩り

将軍の牧狩りには、旗本など多くのお供が随行した。こうした狩りのお供も、武士にとっては名誉であった。『千代田之御表　小金原牧狩引揚ノ図』（国立国会図書館蔵）より

◉武士の勤め◉

旗本・御家人の半数は無職!?

武士の主な給料

家禄	「家」に対して支払われた俸禄で、家格によって額が異なる。
扶持米《ふち》	毎月、家族分の食費として支払われたもので、家禄の一部。就職率が下がり、職禄のない者にとっては大きな収入だった。
職禄	各役職で働いた分の俸禄（役高）。享保８年（1723年）より、家禄が役高に達しない場合の差額のみ支払われるようになった。

旗本・御家人の就職率

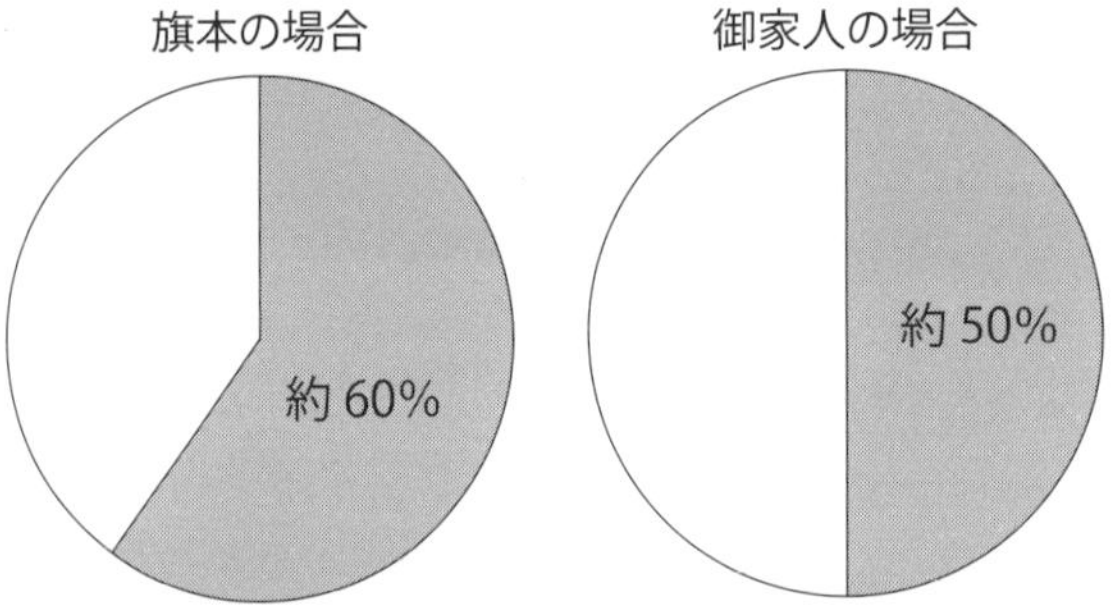

上級武士である旗本のほうがやや就職率はよいが、決して高くはない。しかし旗本は家禄が高いため、御家人に比べればだいぶ生活も豊かだった。『近世知行制の研究』を参考に作成

享保七年（一七二二）当時、旗本は五二〇五人、御家人は一万七三九〇人いた。しかし、そのすべてが役職につくことができたわけではない。旗本・御家人の半数近くは役職にありつけなかったのである。

では、役職につけない者はどうしていたのか。家禄三〇〇〇石以上の者や、布衣《ほい》（六位相当の官位）以上の役職についていた者は「寄合《よりあい》」に編入され、それ以下の者は「小普請組《こぶしんぐみ》」に編入されていた。

しかし、仕事はほぼ無役で、給与は支給されたが、無勤務の代償として禄高に応じた上納金が徴収された。特に御家人は総じて小禄で、貧乏する者が多かった。

身を持ち崩す御家人たち

◉武士の勤め◉

江戸詰武士の気楽な生活

部屋に集まり酒盛りをする江戸詰武士

久留米藩士・戸田熊次郎の部屋の図。『江戸勤番の図』（大川市立清力美術館蔵）より

江戸詰武士の多くは単身赴任で、藩邸内に設けられた「勤番長屋」、あるいは「御長屋《おながや》」と呼ばれる長屋に、身分に応じて住んでいた。

下級武士の場合、大抵は数人で同居し、食事は自炊、そのほか身の回りのこともすべて自分たちで行なった。

江戸藩邸での生活は規則ずくめであった。藩によってそれぞれ独自の規制・規則を定めていたのである。しかし、勤め自体はそれほど苦労をともなうものはなく、要職についていなければ、かなり暇をもてあます状況だった。

そのため、江戸市中や郊外を見物したり、芝居を観たりして、存分に楽しんでいた。

暇をもてあます江戸詰武士

いやぁ、今日も暇でしたなぁ
そこが、江戸詰武士の辛い所よ
拙者は目を開けながら眠る術を身につけましたぞ
それより今日も、一杯引っかけるのはどうかな?
今度ぜひ、拙者にもその術とやらを…
酒
ワハハ
つくづく辛い毎日よなぁ
武士の定めよ
明日も早くから勤めじゃ。急いで帰らねば
ワォー!

老中から旗本までの勤務実態

武士のお仕事

助け合いの武家社会
労働は交代制！

◇幕臣の勤務時間

午前一〇時、幕府最高位の役職、老中の登城（出勤）を知らせる太鼓が江戸城内に響きわたる。この老中の出勤を、俗に「四つ上がりの八つ下がり」という。老中が四つ（午前一〇時）に登城し、八つ（午後二時）に下城することを指した言葉である。勤務時間はわずか四時間。

そのほかの役職、奏者番、寺社奉行、留守居、勘定奉行、作事奉行、普請奉行、大目付、町奉行などは一〇時前に登城し、若年寄などは午前八時には登城するが、老中の下城後はすぐに退出し、御用がある場合のみ残業をした。町奉行などは退出後も奉行所で訴訟や請願を聞いたり判決を行なったが、いずれも城の滞在時間は非常に短い。

幕閣の主要役職は毎日出勤したが、老中、若年寄、町奉行など、要職や多忙な役職の場合、複数定員になっているため、一か月交代制が基本だった。

◇役方と番方の交代制

江戸幕府の役職には交代制が多かった。これは現代と大いに違うところである。要職以外でも交代制がとられており、武家社会では交代制が標準的な労働形態だった。

幕府の役職で行政職の役方は、俗にいう「三日勤め」であった。一日勤めて二日休みというもので、現代の週末二日制よりは休みが多かった。一方、軍事職である番方の多くは、朝番、夕番、寝番《しんばん》（泊番《とまりばん》）の一日三交代制。朝番は五つ（午前八時）までに出勤し、前夜の寝番から事務を引きついだ。夕番は四つ（午前一〇時）まで、寝番は七つ（午後四時）までに出勤。遅刻者や無断欠勤者は罰金・改易《かいえき》などの処分を受けた。

❖江戸時代の武士の職制❖

◉百石取りの武士外出の図

幕府の規定で、このクラスの武士は外出時に「槍持ち」1人「中間」1人を供に連れなければならなかった。『江戸幕府役職集成』より

幕閣の構成

将軍
側用人
●将軍側近の最高職
●将軍と老中の取次ぎを行なう
※常置職ではない
大老
●幕府の最高職
●1名
※常置職ではない
寺社奉行
●全国の寺社などを統括する
●4～5名
●小禄の譜代大名から選出
若年寄
●主に旗本・御家人を統括する
●約4名
●小禄の譜代大名から選出
老中
●幕府の政治全般を統括する
●4～5名
●高禄の譜代大名から選出
火付盗賊改
●市中を巡回する
●旗本から選出
※常置職ではない
目付
●主に旗本・御家人の監察や江戸城内の巡察を行なう
●10名
●旗本から選出
勘定奉行
●幕府直轄地の民政の統括や金銭の管理を行なう
●4名
●旗本から選出
町奉行
●江戸の市政を統括する
●2名(月番制)
●旗本から選出
大目付
●幕府の政治の監察や大名の監視を行なう
●4～5名
●旗本から選出
側衆
●将軍の側近で交代制で宿直を行なう
●5～8名
●旗本から選出

◉武士のお仕事◉

旗本の出世コース

出世のシンボル・町奉行での一幕

能力がある旗本は、町奉行に抜擢されることも多かった。ちなみに江戸時代は当時の武家社会を扱う出版物が許されなかったため、名称などを変えて発表された。『徳川幕府県治要略』より

大岡越前守忠相

旗本の出世頭としても名高い大岡越前の肖像。町奉行だけでなく寺社奉行なども務めた。『歌俳百人選』より

武士は代々決まった家禄があり、幕府の役職は家禄と身分によって定められていた。

しかし、優秀な人材などは、まれに家禄が低くても高い役高の役職につくことがあり、家禄が加増されたり、あるいは役高と家禄の差額を、在任期間に限って足高としてもらうことができた。

番方のうち、書院番と小姓組を合わせて両番と呼ぶが、この役職は、番士のなかで、もっとも格式が高かった。

旗本の場合、両番の番士になれる家柄の者は、能力によっては勘定奉行や町奉行など、高い役高の役職へ昇進することもできた。

❖大岡越前と遠山の金さん❖

◉大岡越前守忠相《おおおかえちぜんのかみただすけ》

出世コース：書院番 → 徒頭 → 使番 → 目付 → 山田奉行 → 普請奉行 → 町奉行 → 寺社奉行 → 奏者番

［大岡越前伝説］

◉実は、町奉行の後、１万石の大名にまで上り詰めていた！

◉「大岡裁き」の多くは、創作（もしくは別の人物が裁いた）の可能性が高い！

◉火消し制度の創設、小石川養生所の設置など、「裁き」より「政治能力」で庶民に愛されていた！

◉遠山景元《とおやまかげもと》

出世コース：小納戸 → 小普請奉行 → 作事奉行 → 勘定奉行 → 町奉行

［遠山の金さん伝説］

◉桜吹雪の入れ墨をしていたかどうかは定かではない！（若いころ、侠客と交わり、いたずらで入れたという説がある）

◉重度の痔をわずらっていたため、駕籠で登城していた！

◉南北両方の町奉行を務めたのは、遠山の金さんのみ！

◉武士のお仕事◉

武士たちの悲しい内職生活

❖さまざまな武士の内職❖

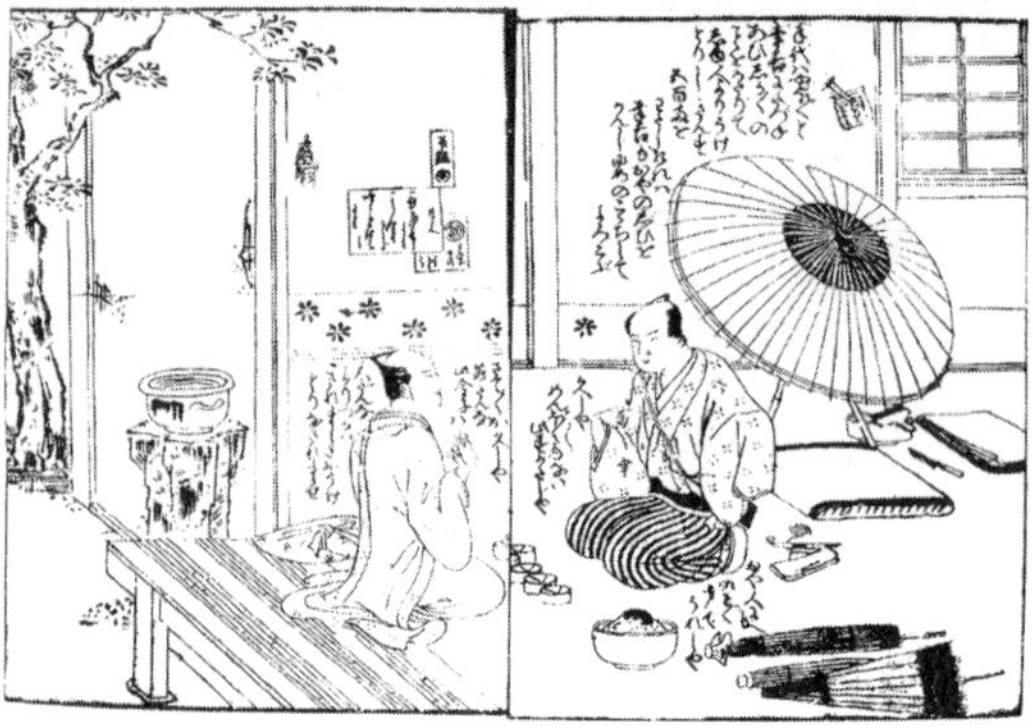

傘張り
赤坂や青山百人町に居住する御家人たちの内職で有名な傘張。絵は休憩して話し込んでいるところ。『米饅頭始』より

筆作り
こちらも御家人がよく内職していた筆作り。看板書きなどに用いる大筆を作っている。『職人尽発句合』より

笠縫
手先の器用さが要求される笠縫。御家人たちは、こうした裁縫の内職も行なっていた。『職人尽発句合』より

武士の家禄は、基本的に代々固定されていたので、物価が上昇したりすると、その分だけ生活が苦しくなった。下級旗本や御家人のなかには、家計を補うために内職を行なう者も多かった。

青山の鉄砲百人組の傘張り、提灯張り、大久保の鉄砲百人組の躑躅《ツツジ》栽培、牛込の鉄砲百人組の提灯張り、下谷《したや》の大番組同心の朝顔栽培、麻布の御家人組屋敷の草花栽培などは有名である。このほかにも内職の種類には、金魚や鈴虫の飼育、下駄の鼻緒作り、筆作り、楊子《ようじ》削り、紙撚《こより》細工、凧《たこ》張り、虫籠《むしかご》作り、木版彫りなど、実にさまざまな種類があった。

現代にも息づく武士の内職の成果

※江戸の名所「大久保のツツジ」は、武士たちの内職によって生まれた。

第二章

江戸の人々の日常

食事、お風呂、便所など、生活に密着した事柄を紹介。
町人から武士、将軍に至るまで、江戸に生きる人々の日常の姿を解明していく。

季節によって時間も変動

江戸っ子たちの時間感覚

江戸時代の時刻法は意外に曖昧！

◈「丑三つどき」って何時？

江戸時代、時刻の表し方は二通りあった。一つは、一日を一二等分し、子《ね》・丑《うし》・寅《とら》…などの十二支で表す方法である。現在の午後一一時から午前一時までの二時間に「子」をあて、以下順に二時間ごとに「丑」「寅」…をあてはめて表した。

「草木も眠る丑三つどき」という言葉がある。丑三つどきとは、丑の刻《こく》（午前一時から三時）を四つに分けたうちの第三番目に当たる時刻をいい、午前二時～二時半ごろに相当する。現在でも、真昼を「正午」、昼前を「午前」という。その「午」は、午《うま》の刻(午前一一時から午後一時)からきている。

◈一刻の長さが変動する

もう一つの時刻の表し方は、九から四までの六つの数字を用いて表す方法である。この方法では、日の出・日の入りが基準になっていた。日の出・日の入りの時刻を「六つ」とし、明け方を「明け六つ」、夕方を「暮れ六つ」と呼び、そのあいだを六等分し、それを「昼の一刻《いっとき》（時）」とした。そして同じように「暮れ六つ」から次の日の「明け六つ」までを六等分し、「夜の一刻」とした。

江戸時代ではこの時刻法が主流だった。しかし、昼と夜の長さは季節によってかなり異なり、一刻の長さも大きく違いが生じた。夏至のころ、昼の一刻は二時間二〇分くらいあり、冬至のころになると、昼の一刻は一時間四〇分くらいだった。

「♪お江戸日本橋七つ立ち…」という唄がある。これは旅の早立ちが七つ立ちだったことを意味している。しかし、この「七つ」も季節によって時刻が変化していたのである。

❖時刻の仕組み❖

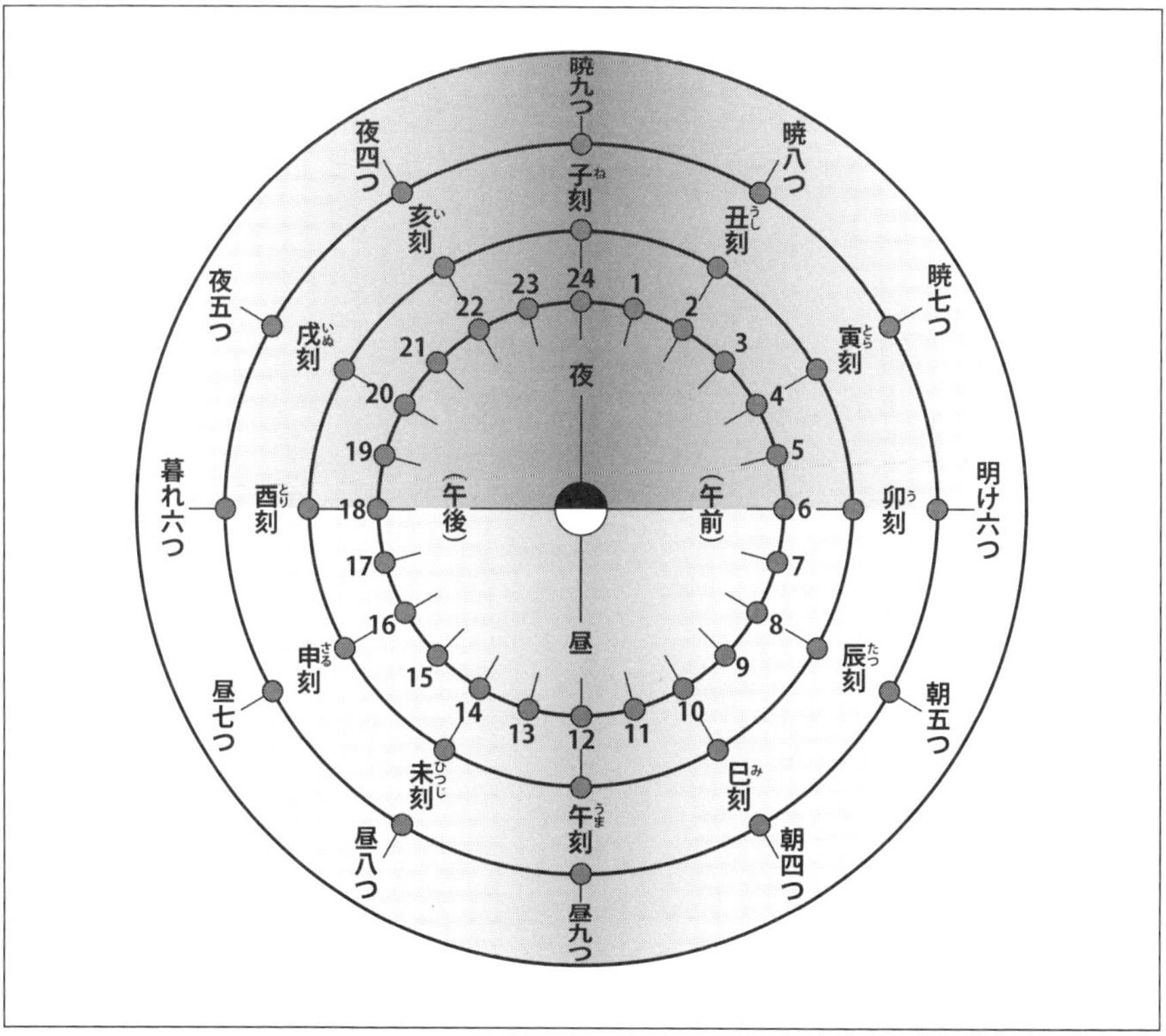

❖季節による時刻の変化❖

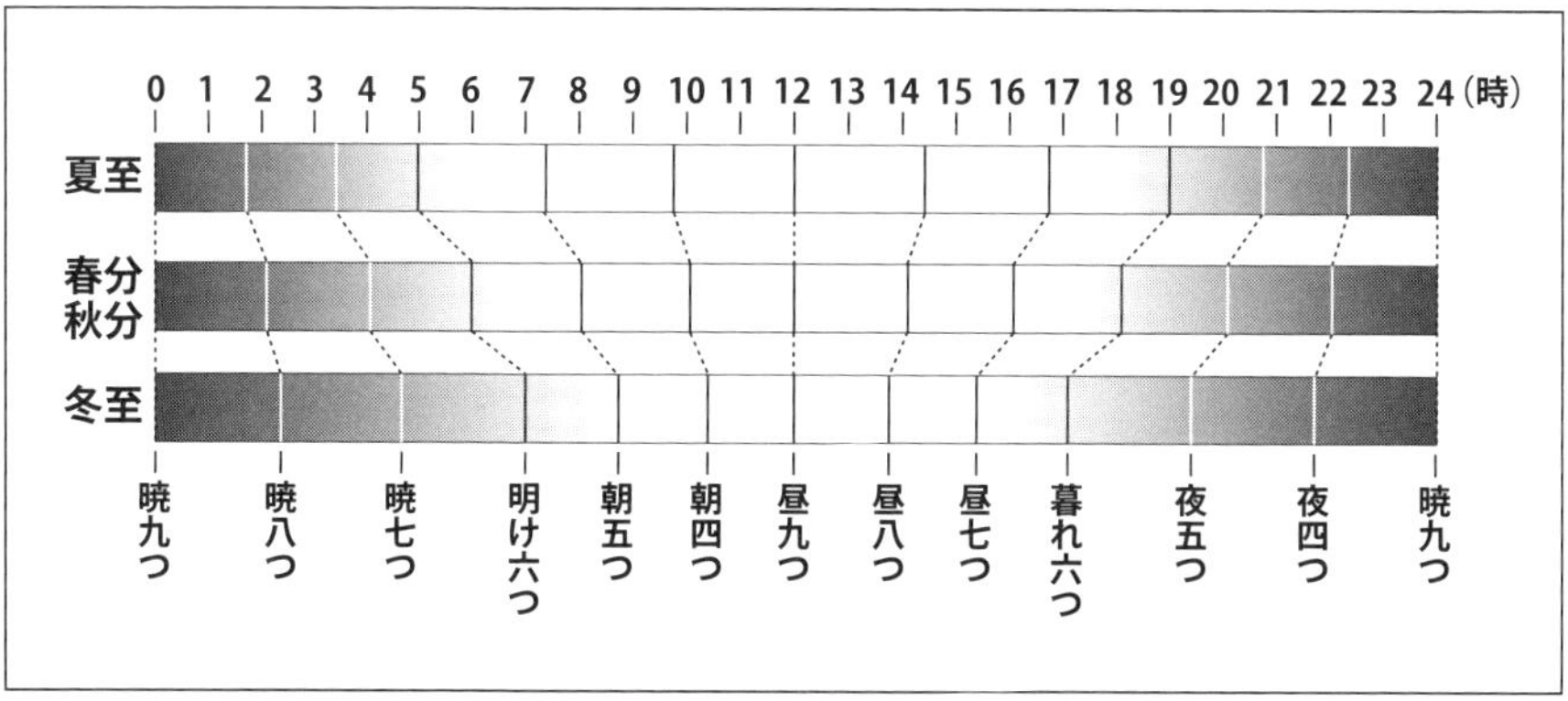

江戸時代は、日の出と日の入りを基準として時間を等分していたため、一刻の時間の長さは、朝と昼、または季節によっても変動した。

◉江戸っ子たちの時間感覚◉

江戸の人々はどうやって時間を知ったのか

時の鐘の設置場所

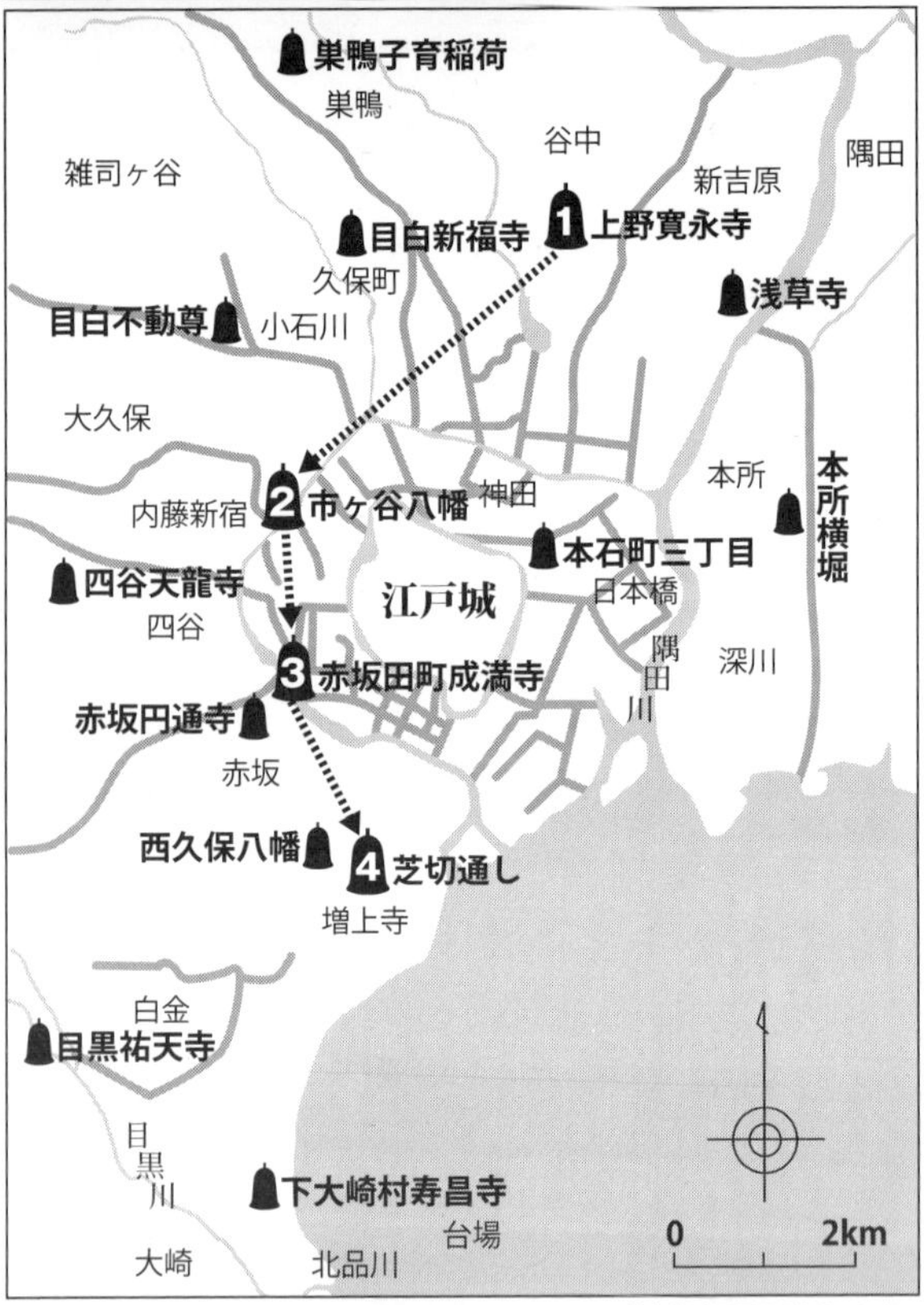

図の1～4は鐘の音が鳴る順番を表している。『享保撰要類集』を参考に作成

江戸には時刻を知らせる「時の鐘」というものがあり、人々はその鐘の音を聞くことで時刻を知ることができた。

寛永三年（一六二六）、日本橋本石町《ほんこくちょう》に最初の「時の鐘」が設置された。このあたりは江戸最初の町人の町だった。鐘の音は、まず注意をひくために三つ撞《つ》き、その後、時刻分（四つ、五つ…九つ）を撞いて知らせた。しかし、この時の鐘は無料ではなく、その鐘の音が聞こえる家は、一か月四文、鐘代として徴収された。

時の鐘は江戸の町の発展・拡大にともない、その後、浅草寺、上野寛永寺、市ヶ谷八幡、芝切通しなど、各所に設けられていった。

❖時の鐘のある風景❖

町中（お寺の境内など）
に高い櫓を設けて、鐘を
設置している。
一定時刻に櫓に登り、鐘
を鳴らす。本石町の鐘は
高さ170センチ、口径が
93センチ。目黒祐天寺の
鐘は高さ192センチ、口
径が99センチ。それなり
に大きな鐘が用いられて
いた。

江戸の随所に設置された時の鐘。時計のなかった江戸時代は、鐘の音を聞くことで時間を知ることができた。

◉江戸っ子たちの時間感覚◉

江戸の町には“門限”があった!?

番小屋と番太

番太が提灯などを手に、見張り（夜回り）に出かけるところ。『尻操御用心』より

拍子木を打つ番太

夜、やむを得ない理由で住人を通行させる場合、番太が拍子木をカチカチと鳴らしながら、人が通ることを知らせる。『嘘無箱根先』より

江戸の町では警備のために、それぞれの町の出入り口に木戸が設けられていた。すぐ横には番屋も併設され、見張りの者が常駐していた。

午後一〇時ごろ木戸番（番太）が木戸を閉めると、午前六時ごろまで閉鎖される。江戸の町には“門限”があったのである。病気、急用などの場合は潜《くぐ》り戸から通行させ、そのとき木戸番は拍子木を打って、そのことを次の木戸番へ知らせていた。

庶民が住む長屋の路地口にも木戸および番屋は設けられていた。長屋では、大家または長屋の住人（見張り番）が、夜中は閉鎖し、朝になると開けるしくみになっていた。

❖木戸番屋と木戸番❖

それぞれの町の入り口には門があり、その両側に「木戸番屋」や「自身番屋」が設置されていた。イラストは、木戸番屋と木戸番の様子。木戸番は町からお金をもらっていたが、安かったため、草履、筆、草鞋、駄菓子などを売ったりして副収入を得ていた。

木戸番屋には、木戸番が常駐していた。夜、町内を巡回するのも木戸番の役目。

◉江戸っ子たちの時間感覚◉

自由時間たっぷりの上様の一日

❖上様タイムスケジュール❖

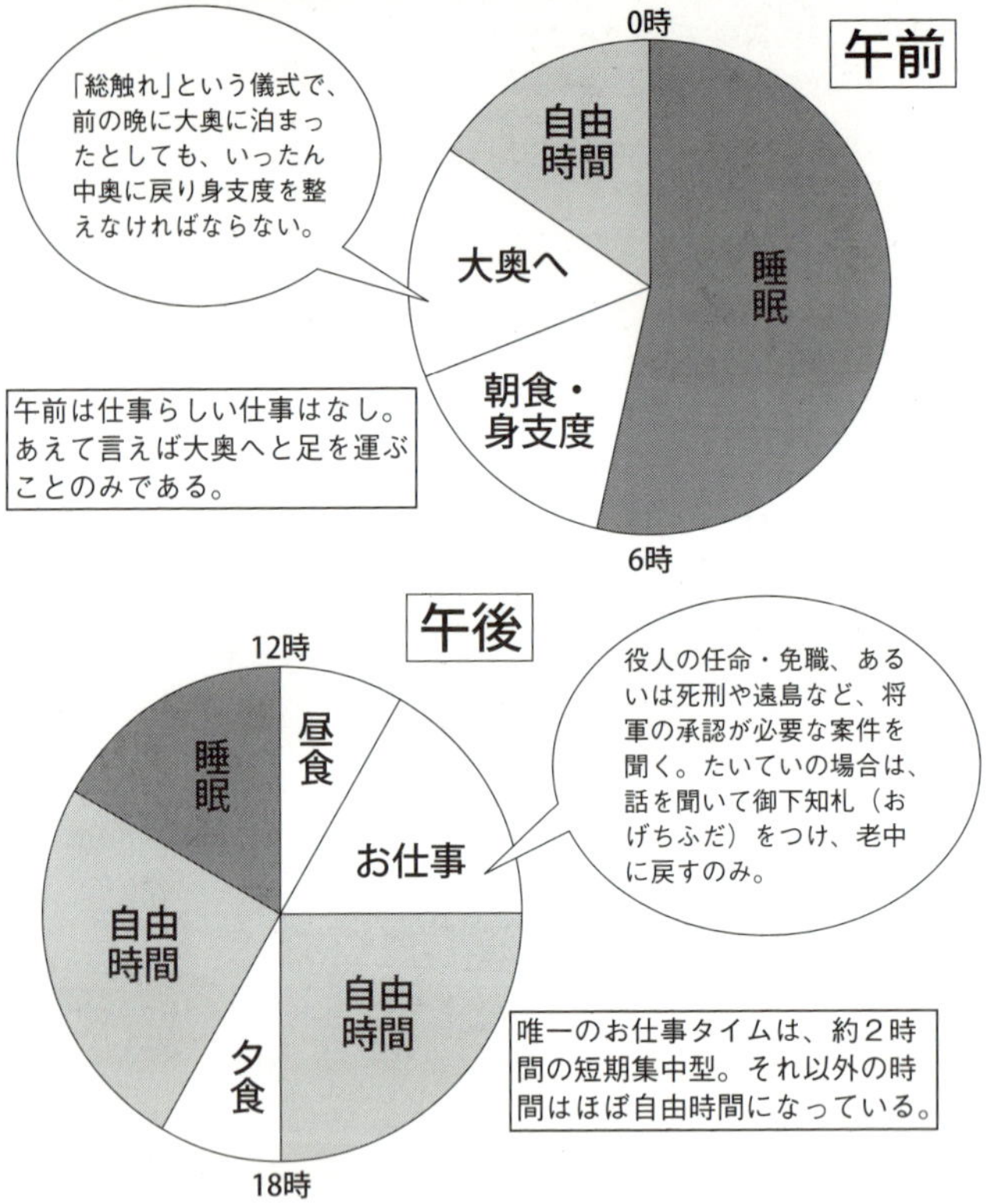
午前
0時
6時
自由時間
大奥へ
朝食・身支度
睡眠
「総触れ」という儀式で、前の晩に大奥に泊まったとしても、いったん中奥に戻り身支度を整えなければならない。
午前は仕事らしい仕事はなし。あえて言えば大奥へと足を運ぶことのみである。
午後
12時
18時
昼食
お仕事
自由時間
夕食
自由時間
睡眠
役人の任命・免職、あるいは死刑や遠島など、将軍の承認が必要な案件を聞く。たいていの場合は、話を聞いて御下知札（おげちふだ）をつけ、老中に戻すのみ。
唯一のお仕事タイムは、約２時間の短期集中型。それ以外の時間はほぼ自由時間になっている。

上様（将軍）の一日の生活を見てみよう。まず、起床は午前六時から七時ごろ。口をすすぎ、手水《ちょうず》を使い、朝食をとり、月《さか》代《やき》や髭《ひげ》を剃《そ》った。九時ごろ大奥へ行き、代々の将軍の位牌に拝礼し、御台所《みだいどころ》（将軍正室）と対面。その後は、昼食まで自由時間になる。

昼食後、ようやく政務をとりはじめ、老中からまわされてきた書類に目を通す。そして二～三時間の政務が終わればその日の仕事は終わり。また自由時間となり、一〇時ごろには就寝した。大奥に泊まる場合には事前に連絡し、午後八時ごろ床についた。

このように、将軍の一日は自由時間だらけであった。

のどかな上様の生活

現代にも受け継がれる食習慣

食生活の実態

◈一日三食は江戸時代から

江戸時代、日本人の食生活にとって大きな変化が生まれた。それは、それまで一日二食だったのが一日三食になったことである。江戸時代初期は二食が一般的であったが、中期ころから三食とるようになった。

きっかけは、明暦三年（一六五七）の大火。焼野原になった江戸の町の復旧工事に携わった職人たちに朝食を出したのが、一日三食のはじまりだという説がある。元禄のころには三食が定着。玄米食から白米食にかわったのもその時期からである。

◈ご飯を炊くのは朝だけ、昼は冷や飯が当たり前

白米に一汁一菜というのが江戸庶民の一般的なメニューであった。わずかなおかずで、白いご飯をたくさん食べた。銀シャリはなによりの御馳走だったわけである。ところが、白米食は江戸の人々にやがて、ビタミンB_1の欠乏による江戸わずらいなる病気（脚気《かっけ》）をもたらすことになる。

『守貞謾稿《もりさだまんこう》』（江戸時代末期）によれば、江戸の庶民たちは朝、その日の分のご飯を炊いた。そして朝はご飯と味噌汁を食べ、昼は冷や飯に野菜か魚のおかずを一品、夕食は茶漬けにして香の物を食べたという。

◈各人が自分の膳で食事する

江戸時代には、家族が食卓を囲んで食事をする習慣はなかった。それぞれが別々の膳を使って食事をした。その膳にもさまざまな種類があり、一般的なかたちとしては丸形三本足の膳、そのはかユニークなものとして、足の先が蝶のかたちをした蝶足膳《ちょうあしぜん》、猫の足のかたちに似た猫足膳《ねこあしぜん》などもあった。

おかずは微量、米さえあれば大丈夫！

❖さまざまな膳❖

折助膳

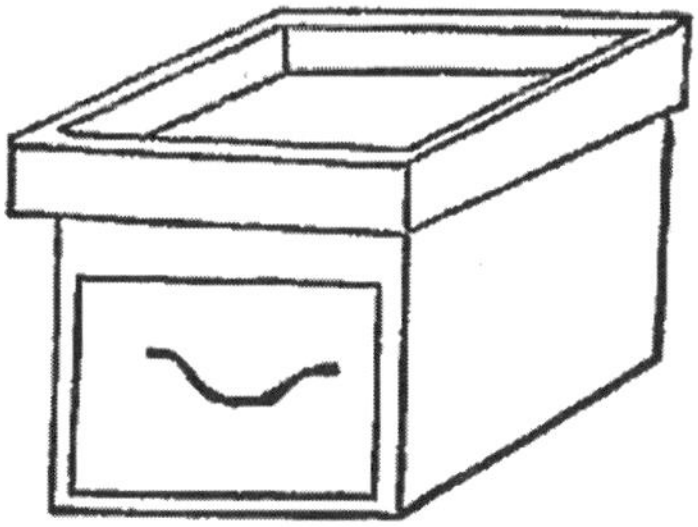

宗和膳《そうわ》

猫足膳
（中足膳）

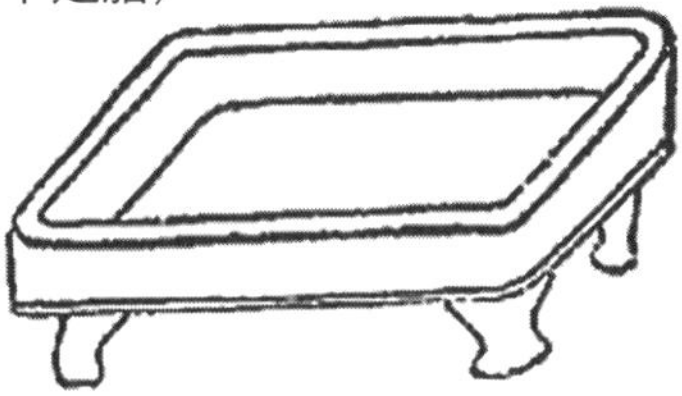

木具膳《きぐ》

蝶足膳

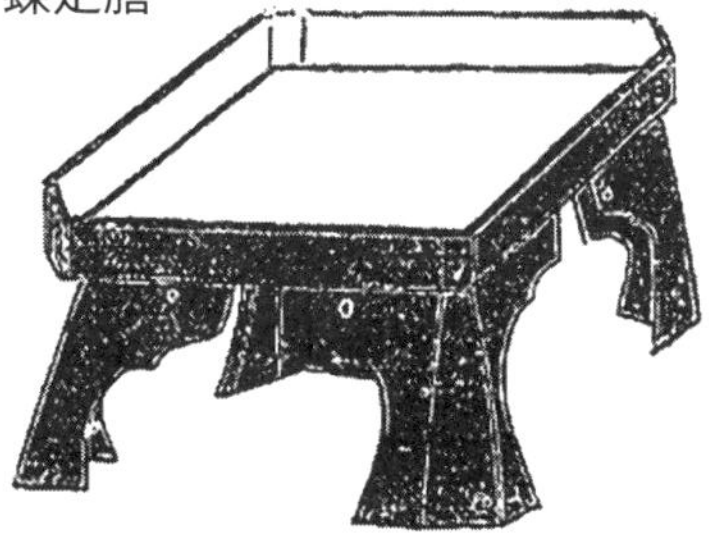

胡桃足膳《くるみ》

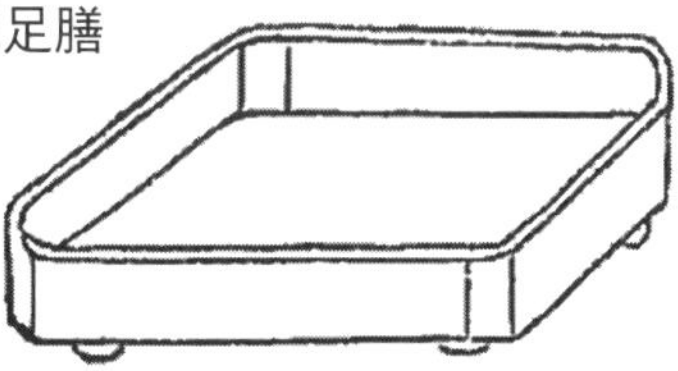

箱膳

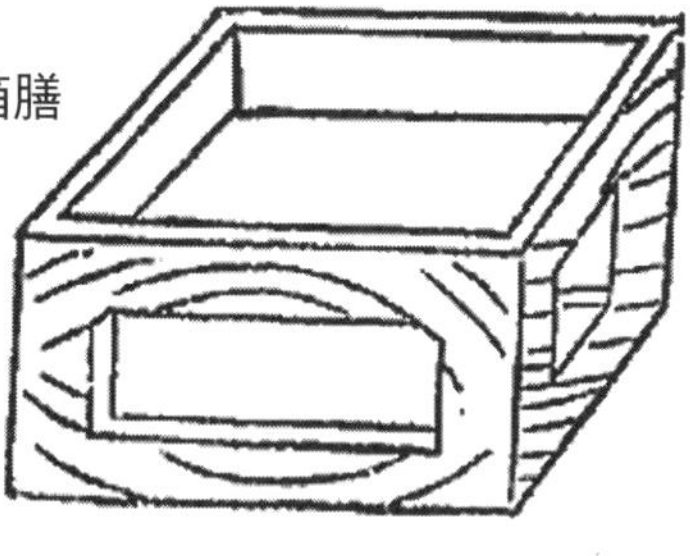

丸形三本足の膳

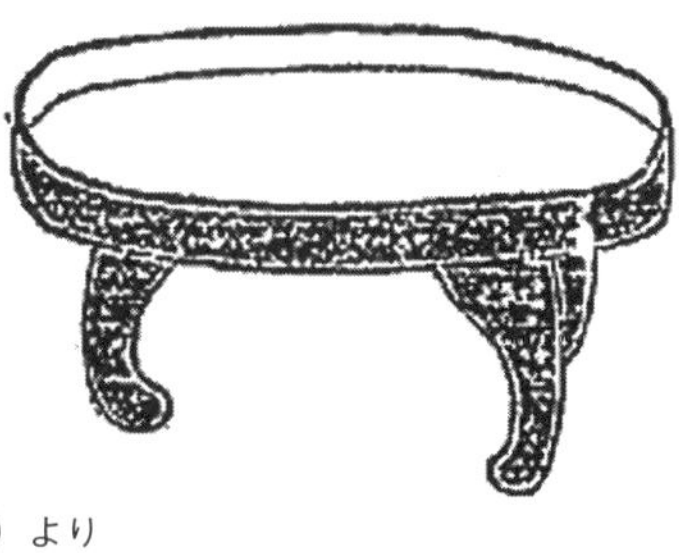

上の８点はいずれも『類聚近世風俗志』（国立国会図書館蔵）より

◉食生活の実態◉

江戸庶民が好んだおかず第一位は？

日々徳用倹約料理角力取組

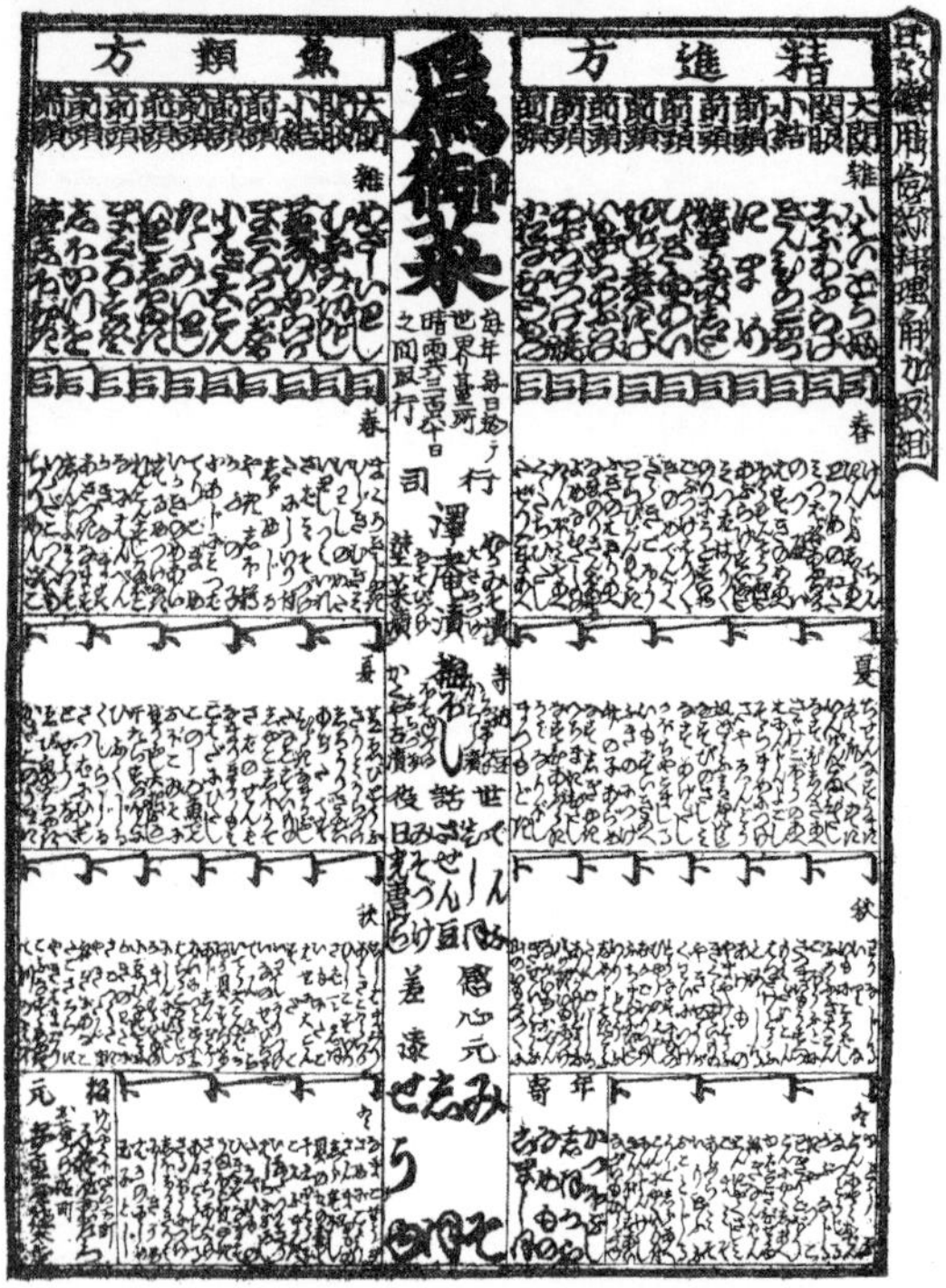

向かって右は「精進方」できんぴらごぼうや煮豆などの植物食が、左は「魚類方」で目刺し鰯や塩ガツオなどの動物食が並ぶ。『日々徳用倹約料理角力取組』（都立中央図書館蔵）より

江戸の庶民はどんなおかずを食べ、どんなおかずを好んだのだろうか。江戸時代後期、庶民のおかず（料理）を相撲の番付に見立て、人気順に並べた『日々《ひび》徳用《とくよう》倹約《けんやく》料理《りょうり》角力《すもう》取組《とりくみ》』というものが板行されている。精進方（野菜、豆など植物食の料理）と魚類方（魚介類など動物食の料理）に分け、一九一種が記されているが、それぞれ第一位にランクインしたおかずは次の通りである。

精進方の第一位は八杯豆腐《はちはいどうふ》、魚類方の第一位は目刺《めざ》し鰯《いわし》。八杯豆腐は、豆腐を拍子木形に切り、水、酒、醤油で煮たもので、目刺し鰯は現在でいうところの「めざし」である。

❖目刺し鰯と八杯豆腐❖

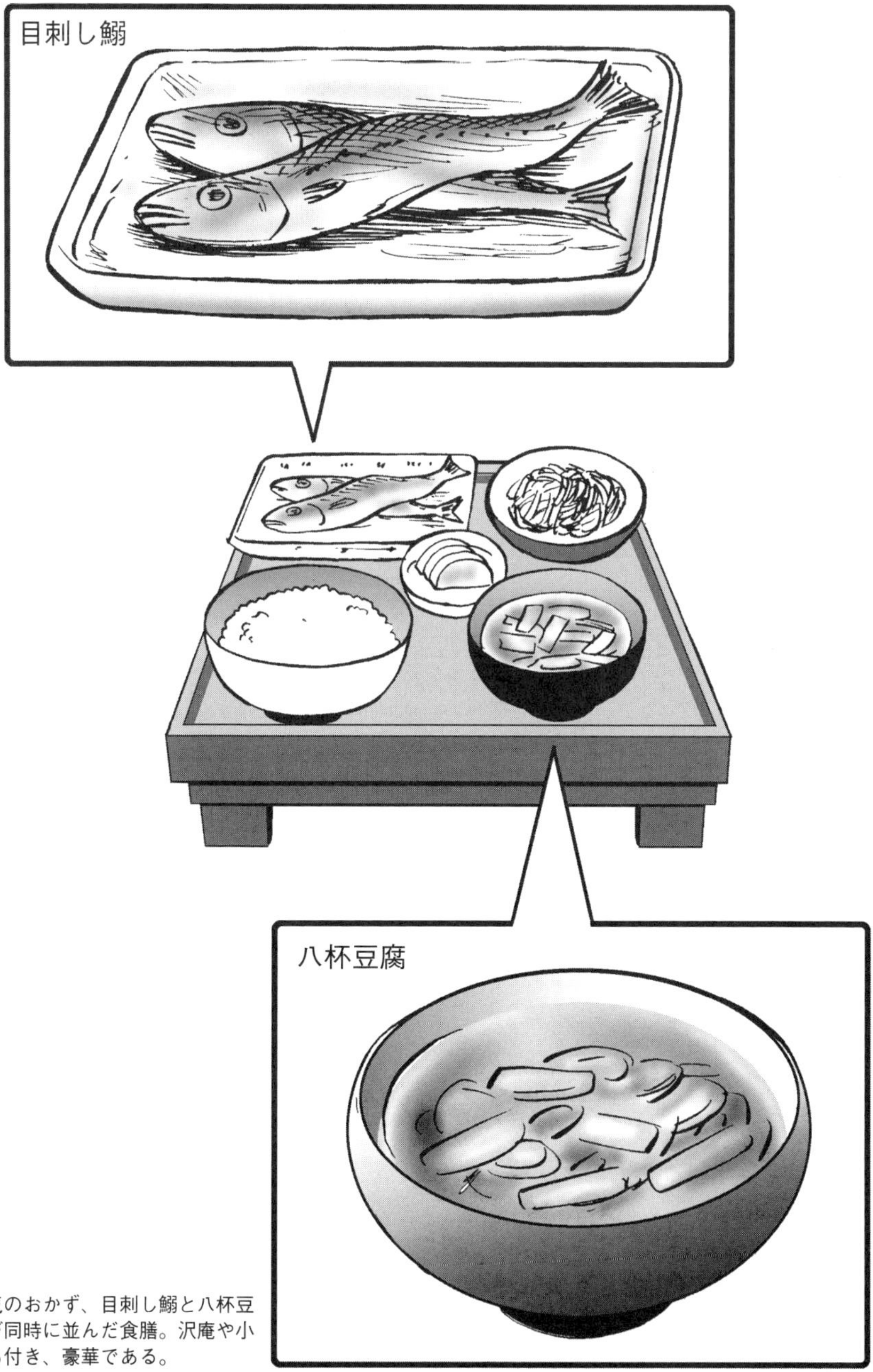

人気のおかず、目刺し鰯と八杯豆腐が同時に並んだ食膳。沢庵や小鉢も付き、豪華である。

◉食生活の実態◉

武士の食膳のタブー

初鰹売り

参勤交代で田舎から出てきた武士が、初鰹を買い求めているところ。このように武士たちも行商人から直接食材を買っていた。『福木樽』より

ナマコ・コノシロ売り

荷を担いで売り歩くナマコ・コノシロ売り。武士たちはコノシロを食べることができないため、町人目当ての行商。『嗟鳴御用帳』より

コノシロという魚をご存じだろうか。寿司ネタとして人気のあるコハダはコノシロの中型のもので、成長するとコノシロになる。江戸時代の武士たちは、コノシロを食べるのを非常に嫌がった。コノシロを食べると「この城を食う」ことになるためである。

フグやマグロも武士たちは敬遠した。フグは命に関わるほどの毒をもち、中毒死の危険があったためである。フグ中毒で死ぬのは武士として不名誉なことであり、名誉を重んじる武士にとっては避けて然《しか》るべきであった。一方、マグロは、別名シビと呼ばれていたため、シビが「死日」に通じることから武士たちは食べるのを嫌った。

名誉のために我慢する武士

◉食生活の実態◉ 意外に質素、上様の食事

上様と家臣の様子

江戸時代当時、将軍を描くことはできなかったため、歌舞伎役者風に、将軍（右）と家臣たちを描いている。『明矣七変目景清』より

上様の食事のルール

毎回１０人分の食膳が作られる

- ２人分……毒味用
- ７人分……「次の間」に置かれる（おかわり用だが、そのほとんどは最後に女中たちが食べてしまう）
- 上様に出される（それぞれの料理に一箸付けただけで「次の間」に置かれた新しい器〈おかわり〉が出される）

　将軍の食事は中奥にある御膳所で調理され、御膳奉行なる者たちが毒味をしてから、御前へ出された。そのため、口にするころには、食膳は冷えてしまっていた。

　また、将軍の日常の食事は、意外にも質素なものだった。たとえば朝食は、ご飯、汁、向付（刺身、酢の物など）、平《ひら》（平椀に盛った料理）、焼き魚といった程度であった。それにご飯は、米を煮上げて釜で蒸した蒸飯《むしいい》で、味はきわめて淡白だった。

　また将軍といえども、食べたくても食べられないものがあった。野菜類ではネギ、ニラ、ラッキョウ、魚類ではコノシロ、サンマ、フグなどは、将軍の献立には使われなかった。

❖将軍の食膳に並ばなかった食材の代表例❖

魚　類

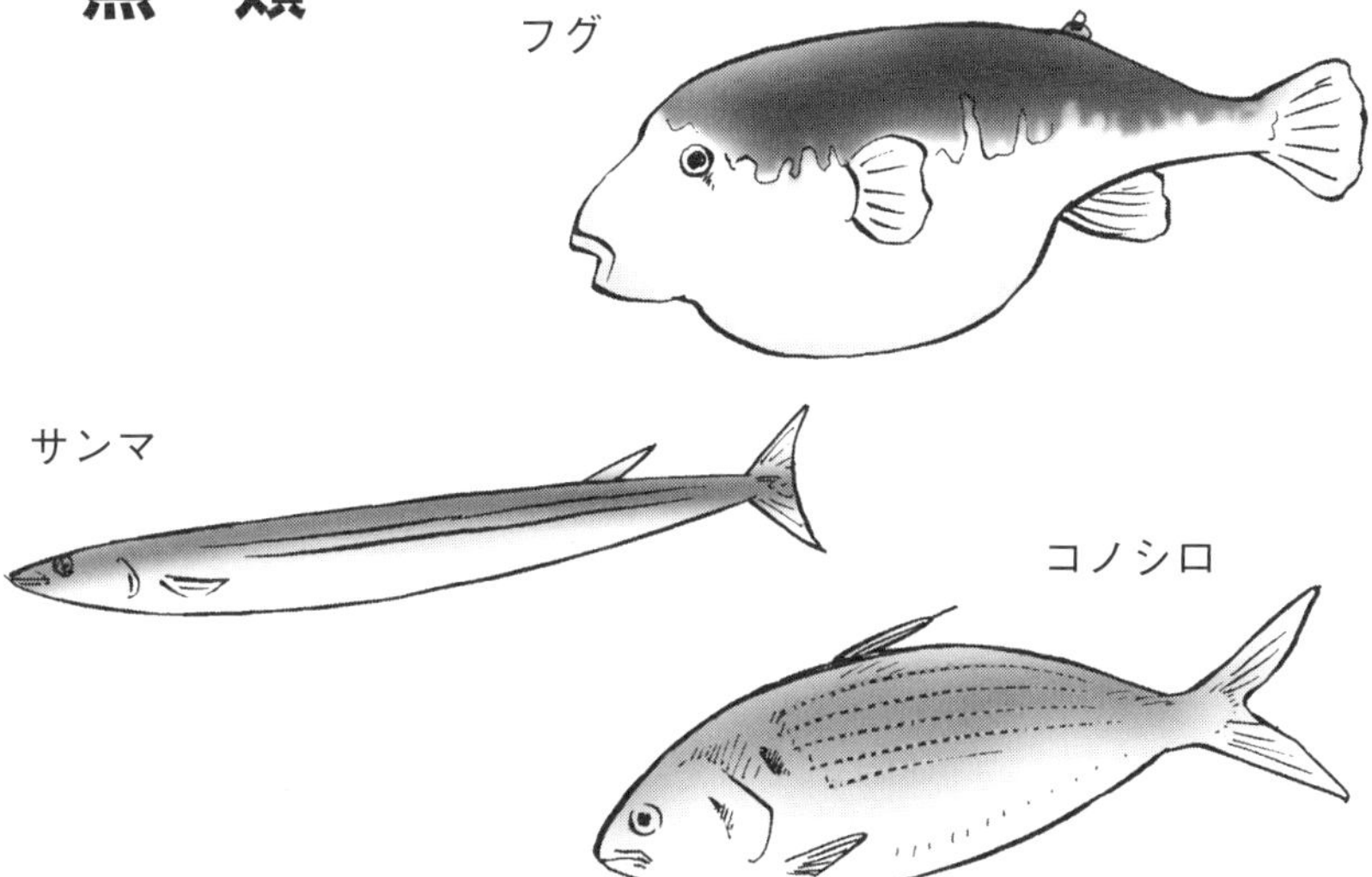
フグ
サンマ
コノシロ

野菜類

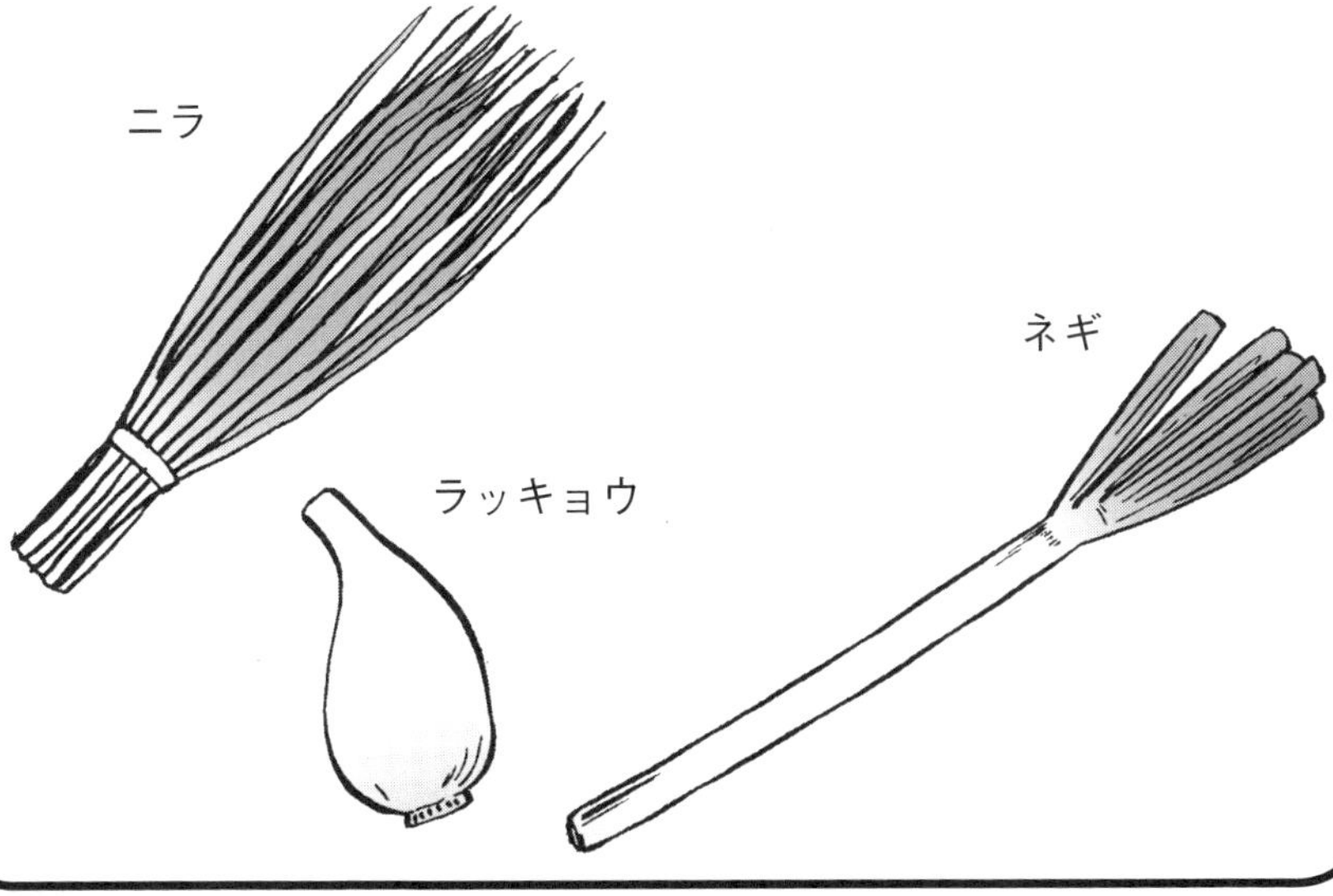
ニラ
ネギ
ラッキョウ

風呂と便所の実態に迫る
江戸の銭湯・長屋の共同便所

風呂と便所は女性にキビシイ場所だった！

◈銭湯ははじめ蒸風呂

天正一九年（一五九一）、伊勢の与市という人が現在の東京駅北口付近で銭湯をはじめた。これが江戸における銭湯の起源。この銭湯は蒸風呂（サウナ風呂）で、湯の入った小風呂付き。江戸時代初期の銭湯はこうした蒸風呂が主流で、湯につかる銭湯は中期以降に登場した。

◈銭湯にあった「柘榴口」とは

高坐（番台）で湯銭を払い、板の間で衣服を脱ぎ、洗い場（流し場）で体を洗い、湯の入った浴槽につかる。湯が冷めるのを防ぐため、洗い場と浴槽が板壁で区切られていた。その下部は開いており、洗い場から浴槽には体をかがめて入った。その出入り口を「柘榴口《ざくろぐち》」という。体をかがめて入る。すなわち、かがみいる。それを「鏡鋳《い》る」（鏡を磨くこと）と読み、昔は鏡磨きに柘榴の実の汁を用いたことになぞらえて、「柘榴口」と呼んだという。

◈江戸ではトイレは「後架」

江戸庶民が暮らす長屋では各戸に便所がなく、共同便所を利用した。便所は「後架《こうか》」、共同便所は「惣後架《そうこうか》」と呼ばれ、惣後架は排便用の穴の上に踏み板を渡しただけの簡単なつくりで、戸は下半分のみ。誰かが便所に入ると、顔が外から見えてしまうので、落ちついて用便できない。戸には「明け放し無用」などの張り紙があった。

column

風呂敷の由来とは!?

物を包んだり運んだりするのに、風呂敷を用いる。風呂敷は四角形の布だが、どうして"風呂"なのか。

風呂敷はもともと風呂で使われていた。入浴の際、脱いだ衣服を包み、風呂から上がったとき、濡れた足をふくために下に敷いた。そこから風呂敷と呼ばれるようになった。

❖風呂と便所での日常風景❖

◉風呂の様子

江戸の銭湯風景

左にあるのが番台、洗い場は板張りになっており、右端には柘榴口がある。『肌競花の勝婦湯』（国立国会図書館蔵）より

柘榴口を行き来する人々

柘榴口の低い入り口をかがんで浴槽に入る。右には呼び出し口が見える。『賢愚湊銭湯新話』より

◉便所の様子

町中の惣後架

右の男が節穴から隣を覗くと知った顔が。場所柄もわきまえずに思わず挨拶。『酉のおとし噺』より

戸を閉めても誰が入っているかは一目瞭然。長屋ではこういった便所が一般的。『色外題空黄表紙』より

長屋の惣後架

江戸の銭湯は痴漢に注意!?

江戸の銭湯には男女混浴が多かった。それを入込湯《いりごみゆ》（「いれごみゆ」とも）という。洗い場と浴槽の間には仕切りがあり浴槽は薄暗く湯気がたちこめる。そんなところで男女が混浴したら何が起きても不思議ではない。すなわち入込湯では痴漢が多かった。寛政三年（一七九一）、寛政の改革のとき、幕府は風紀の乱れを理由に入込湯を禁止。だがやがて復活し、入込湯はその後も江戸各所で存続した。

銭湯の入り口の様子

番台には本を手に持った女性が座っている。もちろん男性が番頭をする場合もある。『睦月わか湯乃図』（国立国会図書館蔵）より

覗きをする男

銭湯ではないが、据え風呂に入浴中の女性を、男が覗いている。『恋歌於万紅』より

column

八丁堀の旦那は女湯に入った!?

銭湯の男湯には武士のために刀掛けがあった。ところが、八丁堀の銭湯では女湯にも刀掛けがあり、八丁堀七不思議の一つとされていた。八丁堀には町奉行の与力、同心の組屋敷があり、彼ら「八丁堀の旦那」は出勤前によく空いている女湯で朝湯をした。女湯の刀掛けはそのために用意されたものである。

混浴は江戸の文化⁉

入込湯における痴漢の被害は多く、禁止するのがよろしいかと
うむ、風紀の乱れは世の乱れ、即刻禁止すべきである
な、なにぃ？混浴禁止⁉
また松平様の潔癖政策か…
もう我慢ならねえ、混浴は江戸の文化だ！
そうだ、そうだ！
オオーー
白河の清き流れに住みかねて元の濁りの田沼恋しき…

◉江戸の銭湯・長屋の共同便所◉

長屋の共同便所は宝の山!?

肥桶を担ぐ農夫

江戸近郊の百姓は肥桶を担いでお得意先の下肥を集めた。『四時交加』より

肥取りの様子

近在の農夫が糞尿を汲み取るために、大家を訪ねてくる。非常にエコロジーな仕組みができあがっていた。『絵本狂歌笑茸』より

長屋の共同便所は板葺《ぶ》きの粗末なつくりであったが、実は宝の山であった。なぜ宝の山かといえば、糞尿がお金になったからである。江戸時代に限らず、一昔前まで、人が排泄した糞尿は農作物の肥料として利用されていた。江戸の人々の糞尿は近郊の農家が汲み取りにきて、糞尿代として現金、もしくは茄子《なす》や大根などの農作物と交換した。面倒な汲み取り作業までしてくれるのだから、手間も掛からず、良いことずくめだったといえる。

ちなみに長屋の共同便所の糞尿は大家のもので、それが結構なお金になったという。糞尿は大家にとって大事な副収入であった。

辻雪隠で用を足す武士

江戸では花見や祭礼の時期、客の多い場所に有料の辻雪隠（つじせっちん）や、無料の移動式便所が設けられることがあった。絵は辻雪隠で用を足す武士。その臭気にか、供の者は一様に顔をしかめている。『北斎漫画』（国立国会図書館蔵）より

町家の厠

長屋の惣後架とは異なり、入り口脇に手水と柄杓が置かれている。これが標準的な町家の厠（かわや）のつくりだった。『一刻価万両回春』（早稲田大学図書館蔵）より

◉江戸の銭湯・長屋の共同便所◉

上様の優雅な小便

❖上様と公人朝夕人❖

上様
束帯は非常に脱ぎづらい。
公人朝夕人
裾からこっそりと筒を入れて用を足す。
目立たないように小便用の筒を忍ばせている。

将軍は用をたす場合も常人扱いではなかった。幕府の役職に「公人朝夕人《くにんちょうじゃくにん》」というものがあった。どんなことをする役かといえば、将軍の小便係である。宮中に参上したりするとき、将軍は束帯《そくたい》を着たが、その束帯に身を包むと小便をするのが非常に難しく、また、小便のたびにいちいち着替えるわけにもいかない。そこで小便用の筒を袴の裾から入れ、その筒のなかに放尿するという方法がとられていた。その小便筒を持つ係が公人朝夕人なのである。

公人朝夕人は土田家が代々これを務めた。将軍の日光東照宮参拝の際などにも（その際、将軍は衣冠《いかん》を着た）、小便筒を携帯し、随行したという。

上様が参内・参拝の際にもよおした場合

第四章 江戸のカルチャー

郵 便 は が き

お手数ですが、
50円切手を
おはりください。

151-0051

東京都渋谷区千駄ヶ谷 4 - 9 - 7

(株) 幻 冬 舎

「知識ゼロからの大江戸入門」係行

ご住所 〒□□□-□□□□ Tel. (- -) Fax. (- -)			
お名前	ご職業		男
	生年月日	年 月 日	女
eメールアドレス：			
購読している新聞	購読している雑誌	お好きな作家	

◎本書をお買い上げいただき、誠にありがとうございました。
質問にお答えいただけたら幸いです。

◆「知識ゼロからの大江戸入門」をお求めになった動機は？
① 書店で見て ② 新聞で見て ③ 雑誌で見て
④ 案内書を見て ⑤ 知人にすすめられて
⑥ プレゼントされて ⑦ その他（ ）

◆本書のご感想をお書きください。

今後、弊社のご案内をお送りしてもよろしいですか。

（ はい・いいえ ）

ご記入いただきました個人情報については、許可なく他の目的で使用することはありません。

ご協力ありがとうございました。

独自の文化が花開いた江戸時代には、実に多彩な娯楽が存在した。
大道芸や歌舞伎、出版物など、江戸が育んだ数々の娯楽をひもとく。

日々を楽しむ江戸っ子たち

人々の娯楽

戸外へ出れば、娯楽はいくらでもあった！

◆四季折々の楽しみ

江戸庶民の多くが暮らしていた長屋は、たいへん狭かった。それこそ食べて寝るスペースしかなく、長屋の中での楽しみには限りがあった。しかし、外に出ればさまざまな娯楽が待っていた。

春になると人々は花見に出かけ、桜の名所は大勢の人でごった返した。三月三日ごろは春の彼岸の大潮で、潮干狩り。夏は両国・隅田川の花火、そして蛍狩り。秋になると虫の音を聞きに出かけ、紅葉の名所も訪れた。冬、雪が降ればゆっくり雪見を楽しむ。このように季節に合わせて自然を愛でるのが大きな楽しみだった。

◆江戸の盛り場の見世物

一〇〇万人もの人々が暮らす大都市・江戸には各所に盛り場があった。その代表としてあげられるのが、浅草（浅草寺境内とその周辺）と両国（両国広小路）である。

浅草は一七世紀末ごろから、両国は一八世紀半ばころから、盛り場として発展した。この二大盛り場ではさまざまな見世物が興行され、江戸の庶民に娯楽を提供していた。見世物のなかには、観客が数十万人に達したものもあった。

◆歌舞伎、そして相撲

江戸の人々が熱狂したものの一つに、歌舞伎がある。芝居（歌舞伎）見物は娯楽の最たるもので、早朝から日暮れまで一日中飲んだり食べたりしながら、芝居を楽しんだ。また、相撲見物も江戸っ子の楽しみの一つだった。ただし相撲が見物できたのは男性だけだった。

浅草の浅草寺

両国の花火

盛り場として栄えた浅草の浅草寺には、多くの人々が訪れた。絵は風雷神門の前で開催される蓑市の様子。『東遊』より

両国は花火の名所としても知られる。絵を見ると、隅田川に浮かぶ船から花火が打ち上げられているさまがうかがえる。『扨化狐通人』より

◉人々の娯楽◉

江戸の見世物いろいろ

見世物小屋の様子

見世物小屋に入ると、まず口上が述べられた後、見世物が始まる。絵は「蝙蝠（こうもり）の軽業」という見世物。『玉磨青砥銭』より

見世物小屋の木戸口

「珍物小屋」と称する見世物小屋の木戸口。中では奇形の鳥や動物を見せた。『无筆節用似字尽』より

両国広小路や浅草浅草寺《せんそうじ》などの盛り場には、各種の見世物小屋が点在し、江戸の人々を夢中にさせた。籠抜け、綱渡り、曲馬、手品、力持ち、曲独楽《きょくごま》などの「軽業・曲芸」の見世物にはじまり、象、駱駝《らくだ》、豹《ひょう》、海豹《あざらし》、驢馬《ろば》などの「動物」の見世物、そして籠細工、からくり、生《いき》人形などの「細工物」の見世物など、さまざまなものがあり、江戸っ子たちは時間を見つけては見世物小屋へ通った。

文政二年（一八一九）、浅草で興行した一田《いちだ》庄七郎《しょうしちろう》の巨大な籠細工（『三国志』の武将・関羽《かんう》、その侍者の周倉《しゅうそう》などの細工人形の見世物）は大当たりとなった。一〇〇日間の興行で、四〇万～五〇万人もの人々が集まったというから驚きである。

❖人気を博したさまざまな見世物❖

鼠

芸を仕込んだ鼠を見世物にしている。安永年間（1772～81）には鼠の飼育も流行。『人間万事西行猫』より

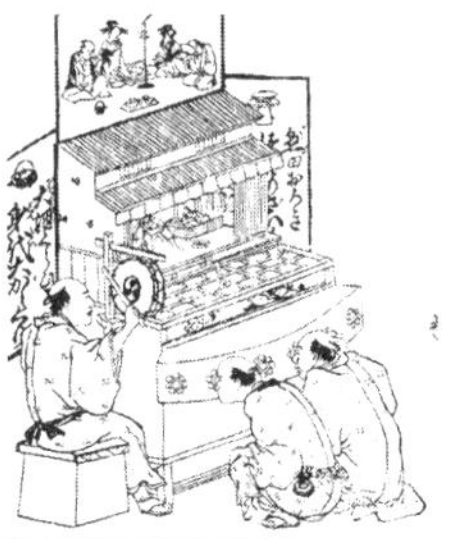

からくり人形

覗機関を覗く大人たち。太鼓や口上などを交えながら場面展開していく。『這奇的見勢物語』より

放下師

放下師（ほうかし）は小切子を打ち鳴らしながら歌を歌ったり、手まりなどを使った芸を見せた。図では剣呑みの芸を披露している。『金儲花盛場』より

猿曳

猿回しと同様で、猿に様々な芸を仕込んで観客に披露した。『職人尽発句合』より

豆蔵

手品を披露する傍ら、役者の声まねなどの芸も披露した。『世諺口紺屋雛形』より

女力持ち

安永年間に活躍した柳川ともよは、五斗俵を五俵乗せた大八車を頭上高く差し上げたりした。『敵討垣衣摺』より

◉人々の娯楽◉

歯を抜き、目を抜く大道芸

芥子之助が大道芸をしている様子

芥子之助は豆と徳利を放り上げ、鎌を手玉にして豆を切って見せた。
『早業七人前』（早稲田大学図書館蔵）より

通りや社寺の境内などで芸を演じるのを、大道芸という。大道芸も見世物の一種だが、江戸の盛り場では大道芸が非常に繁盛し、さまざまなところで大道芸を見ることができた。大道芸人たちは、芸を披露することで人々の目を引き、投げ銭をもらうか、あるいは傍《かたわ》らに置いた商品を売ることで、生計を立てていた。

「源水《げんすい》は歯抜き目抜きは芥子之《けしの》助《すけ》」という川柳がある。源水（松井源水）と芥子之助は、特に浅草で活躍していた有名な大道芸人。源水は巧みな独楽《こま》廻しを見せて歯磨きなどを売り、ときには見物人の歯も抜いた。また、芥子之助は高い足駄《あしだ》をはき、徳《とっ》利《くり》と豆と鎌の妙技（手品）で人気を博した。

大道芸で商売繁盛

曲芸独楽
おいらも大道芸の一つもできれば、もう少しコイツも売れるだろうに
しかし何ができるかなあ…
不器用だから独楽は無理だし、軽業も駄目だろうし…
よいしょっ
…これだ！
おい、客を集める方法を思いついたぞ！ お前の怪力を大道芸として披露しようじゃないか！ きっとうまくいくよ！
………
ポイ！

◉人々の娯楽◉

江戸っ子の歌舞伎好き

歌舞伎が誕生してから約四〇〇年が経つ。江戸時代、歌舞伎は大衆娯楽の花形だった。

江戸には幕府公認の芝居小屋が三軒（初期は四軒）あった。観客席は二階桟敷が最上等席、一般客席は平土間の枡席。大入りになると舞台の上に客を上げたりした。明け六つ（午前六時）に開演の太鼓が鳴り、芝居は二本立て。一本目は時代物、二本目は世話物。夕方終演のため、芝居見物は一日がかりだった。

❖人気の歌舞伎役者たち❖

初代中村仲蔵

1736 ～ 1790。門閥外から立志した人物で、「名人仲蔵」と呼ばれた。『古今俳優似顔大全』（国立国会図書館蔵）より

初代瀬川菊之丞

1693 ～ 1749。女形の名優として人気を博し、日常生活でも女装を通した。『古今俳優似顔大全』（国立国会図書館蔵）より

三代目板東三津五郎

1775 ～ 1831。武道事、力士役を得意とし、江戸随一の和事（若い男）と称された。『古今俳優似顔大全』（国立国会図書館蔵）より

五代目松本幸四郎

1764 ～ 1838。実悪をやらせたら「三都随一」「古今無類」といわれた名優。『古今俳優似顔大全』（国立国会図書館蔵）より

column

千両をとった「千両役者」

千両役者は実在した。最初の千両役者は女形の芳沢あやめ（初代）。二代目市川団十郎も千両以上稼いでいた。

江戸時代中期以降になると千両役者は何人も出た。寛政の改革によって役者の給金の最高額が 500 両に制限されたが、効果はなかった。三代目中村歌右衛門は 1400 両も稼いでいたという。

芝居小屋の内部

舞台上では新春恒例の演目「曾我の対面」が演じられている。最上階まで大入りになっているのがわかる。『中村座内の図』（国立国会図書館蔵）より

夜芝居の様子

舞台前に立てられた蠟燭の灯りで夜芝居が行なわれている。役者の着物の裾から尻尾がでているが、実はこの３人、正体は狐という趣向。『扨化狐通人』より

◉人々の娯楽◉

熱狂的な音曲（三味線）人気

門付音曲師

音曲の流行にともない、家々を回る「門付音曲師」という者たちも増えた。編笠をかぶっているのが門付音曲師。『物草太郎月』より

歌舞伎の伴奏楽器には三味線が使われる。三味線の伴奏で語る（歌う）ものを音曲《おんぎょく》という。江戸の人々は歌舞伎と共に音曲にも熱狂した。歌舞伎で上演される踊りや、伴奏音楽である長唄、常磐津《ときわづ》、富本《とみもと》、清元《きよもと》などの音曲が庶民に普及し、それを習うことが流行となった。その結果、文化・文政（一八〇四〜三〇）ごろから、江戸市中に女性の音曲師匠が数多く誕生し、稽古所を開いて教えていた。

column

江戸の旅ばやり

江戸時代になると、街道が整備され、庶民でも旅がしやすくなった。多くの人々が旅に出た。旅のメインは寺社参詣。江ノ島詣、大山詣、成田詣、善光寺詣、富士詣、そして伊勢参り…。旅のガイドブックも各種出版され、十返舎一九の『東海道中膝栗毛』はベストセラーとなり、旅ブームをあおった。

音曲の練習風景

安永年間に流行した本多髷できめた武士たちが、三味線や長唄の稽古に励んでいる。『高慢斎行脚日記』より

❖三味線を習う女性❖

女性にとっての習い事は、武家へ奉公するための教養を身につけることが目的。習い事により姿勢や身だしなみも洗練されていった。

音曲は三味線を弾きながら語る（歌う）もの。練習は楽器だけでなく、声の出し方にも及んだ。

三味線は戦国時代末期に琉球から伝えられたもの。手軽な楽器だったため一気に普及し、幕末には町内に二〜三人の師匠がいた。

◉人々の娯楽◉

武士がはじめた江戸の釣り

釣りをする人々

お茶の水界隈での釣りの様子。『江戸名所道戯尽　四　御茶の水の釣人』（国立国会図書館蔵）より

江戸時代も釣りを趣味にしていた人は多かった。『何羨録《かせんろく》』という釣りの指南書がある。書いたのは津軽采女正《つがるうねめのしょう》政兕《まさたけ》という四千石の旗本、すなわち武士。実は江戸で遊びとして釣りをはじめたのは武士たちであった。

武士の中には時間に余裕のある者が多かった。そんな武士にとって釣りは恰好の暇つぶしになった。江戸時代後期になると、江戸の町人たちも釣りを楽しむようになり、釣り堀もできた。

Column

江戸っ子の大食い、大酒飲み大会

江戸時代にも大食い、大酒飲み大会が行なわれていた。文化12年（1815）の千住での大酒飲み大会はよく知られている。優勝したのは千住の松勘という者で、飲んだ量は9升1合（約16リットル）。また別の大会では優勝者は何と3升入りの盃で6杯半も飲み、途中でついに酔いつぶれてしまったという。

武士たちは釣りに必死!?

ボー
フワ〜
ゴーン
…ん!?
オー!!
ザバー
勝負の時ぞ！
船を出せい！
あと半刻が勝負ぞ！　この時を逃すな！
チャポン
こうして時間に余裕のある上流武士達によって、釣りが広まっていった

◉人々の娯楽◉

ブームになった朝顔栽培

夏、東京の入谷《いりや》で朝顔市が開かれる。江戸時代後期、江戸では朝顔栽培が大ブームとなった。

文化三年（一八〇六）の大火後、下谷御徒町で植木屋や下級武士が珍しい形や色の「変化朝顔」をつくりはじめた。それがきっかけとなり朝顔栽培が幕臣、僧侶、医者などに趣味として広まり、やがて庶民にも評判となりブームとなった。幕末には第二次朝顔ブームも起こり、さらに変わった朝顔が生まれた。

変化朝顔

各地の朝顔園には多くの見物人が訪れた。『染井の朝顔園』（国立国会図書館蔵）より

女性に朝顔を配した絵。『当盛見立三十六花撰　唱歌の朝顔　秋月の娘深雪』（国立国会図書館蔵）より

朝顔栽培のシーズン

朝顔の栽培時期と朝顔市

4月末～5月	5月	5月末～6月	6月末	7月上旬
種まき	発芽	本葉	開花	朝顔市

column

珍品、奇品のコレクション

江戸時代、「金生樹（かねのなるき）」と呼ばれた植物がある。橘、万年青、松葉蘭、福寿草などである。それらのなかで、葉に斑が入ったものや、葉の形がおもしろいものなどの珍品、奇品が蒐集家のコレクションの対象となり、高値で取引された。物によっては１鉢2300両もの値がついたこともある。

❖朝顔栽培の様子❖

庶民たちは細い路地などに鉢植えを置き、朝顔栽培を楽しんでいた。

◉人々の娯楽◉

唯一のスポーツ娯楽・大相撲

❖人気を支えた三力士❖

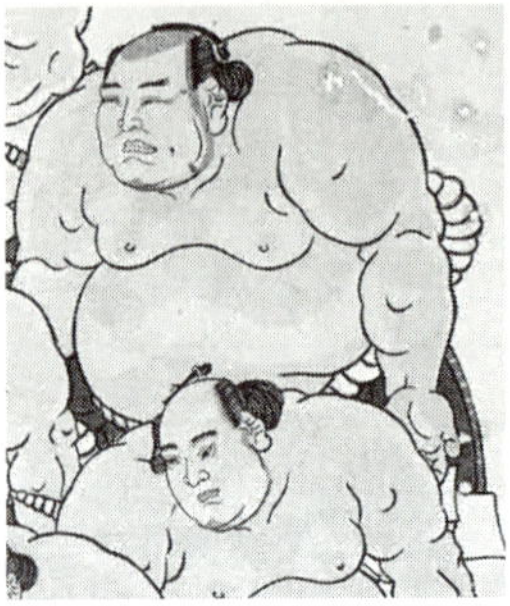

谷風梶之助

仙台藩伊達侯のお抱え力士で、27年で負けがわずか14回、優勝相当21回を誇る。『相撲錦絵』（国立国会図書館蔵）より

小野川喜三郎

西方の谷風・雷電のライバルとして君臨した東方大関。優勝相当7回。『和漢百物語　小野川喜三郎』（国立国会図書館蔵）より

雷電為右衛門

力士生活21年で、負けたのはわずか10回。富岡八幡宮の横綱力士碑には「無類力士」と顕彰されている。『大相撲引分之図』（国立国会図書館蔵）より

江戸の三大娯楽と言われているのが、歌舞伎、吉原、そして相撲である。江戸時代の相撲は、最初は寺社の建立・修復の資金を集めるための勧進《かんじん》相撲として発達し、やがて営利目的の興行へと移行していったのである。

興行場所は、はじめ深川八幡、芝神明、浅草大護院、牛込赤城明神、市ヶ谷八幡など各地で行なわれていたが、天保四年（一八三三）からは本所回向院《えこういん》が定場所となった。

興行は年二回制（当初は三～五回）で、日数は晴天一〇日（当初は六日、八日）。「一年を二〇日で暮らすいい男」という川柳があるが、この「いい男」とは相撲取りのことである。ちなみに江戸時代の力士の最高位は大関であった。

相撲興行の様子

回向院で行なわれた相撲興行。場内を埋め尽くす大観客が人気の高さを物語っている。『江戸両国回向院大相撲之図』（国立国会図書館蔵）より

力士の立ち合い

力士の立ち合いに、身を乗り出して応援する観客たち。右手前にはなぜか烏天狗の姿も。『芸自慢童龍神塚』より

触れ太鼓と相撲番付

相撲興行の開幕を告げる触れ太鼓。左には「相撲番付」に見入る男たち。『女相撲濫觴』より

出版・文芸の開花

本と川柳と瓦版

江戸っ子の文化水準は現代人より高い!?

◈読書の楽しみ

江戸時代には出版業が発達し、たくさんの書籍が出版され、子供も大人も読書を楽しんだ。江戸時代は読書が娯楽として定着した時代であった。

現代の絵本や漫画に近い、絵入りの通俗小説本を総称して「草双紙《くさぞうし》」、または「絵双紙《えぞうし》」という。一冊五丁（一〇ページ）の簡素な本で、初期のものは「赤本《あかほん》」と呼ばれ、子供向けのお伽噺《とぎばなし》が主流であった。その後、浄瑠璃や歌舞伎、史話などに取材した「黒本《くろほん》」「青本《あおほん》」と呼ばれるものが登場し、草双紙は次第に大人向けの読み物となっていき、風刺・滑稽《こっけい》をねらった「黄表紙《きびょうし》」と呼ばれる大人向け絵入り小説が盛んに出版されるようになった。

◈洒落本・滑稽本・読本

草双紙は絵が中心の本だが、文章を主とした庶民向けの本も多数出版されていた。遊里を主題とした「洒落本《しゃれぼん》」、笑いを誘う会話中心の「滑稽本」、女性読者を対象とした恋愛小説の「人情本《にんじょうぼん》」、伝奇小説の「読本《よみほん》」など…。十返舎一九《じっぺんしゃいっく》の『東海道中膝栗毛』や式亭三馬《しきていさんば》の『浮世風呂』などの滑稽本、滝沢《たきざわ》（曲《きょく》亭《てい》）馬琴《ばきん》の『南総里見八犬伝』の読本などは、現在でもよく知られている。

◈川柳と瓦版

江戸時代の中期、短詩型の滑稽風刺文芸が誕生した。川柳である。この新しい文芸は江戸の人々の好みに合い、庶民を中心に多くの人々が川柳に親しんだ。

また、江戸時代にも今日の新聞に似たものが存在していた。瓦版と呼ばれた印刷物である。これにより、人々は世の中の情報を得た。

職人が本を印刷している様子

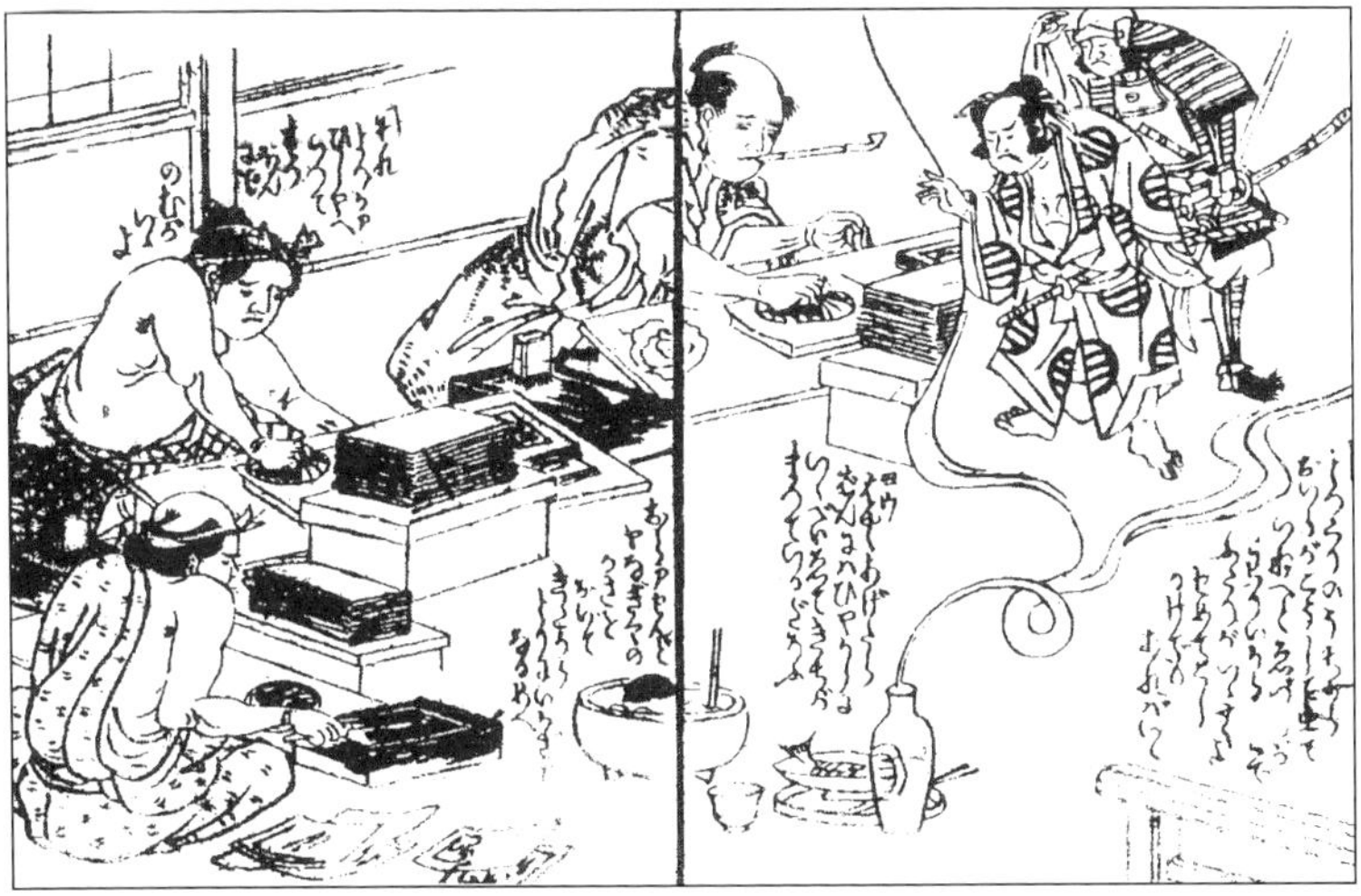

徳利から出ている２人は黄表紙の登場人物で、うまく書かれているか見ているという見立て。『的中地本問屋』より

活版印刷の歴史

年代	主なできごと
一五九〇（天正一八年）	イエズス会宣教師ヴァリニャーニによって活版印刷術が伝来する。印刷物をとくに「キリシタン版」と呼ぶ。
一五九二（文禄元年）	文禄の役によって李氏朝鮮から銅活字による印刷術伝来。「古活字版」のはじまり。
一五九三（文禄二年）	後陽成天皇の命で金属活字により「古文孝経」印刷。印刷物をとくに「文禄勅版」と呼ぶ。
一五九七（慶長二年）	後陽成天皇の命で木活字により「勧学文」「錦繍段」印刷。印刷物をとくに「慶長勅版」と呼ぶ。
一五九九（慶長四年）	徳川家康の命で円光寺の僧三要らが木活字により「貞観政要」印刷。印刷物をとくに「伏見版」と呼ぶ。
一六〇八（慶長一三年）	本阿弥光悦らが木活字により「伊勢物語」印刷。印刷物をとくに「嵯峨本」と呼ぶ。
一六一五（元和元年）	徳川家康の命で金地院崇伝・林羅山らが銅活字により「大蔵一覧集」印刷。印刷物をとくに「駿河版」と呼ぶ。
一七六五（明和二年）	鈴木春信ら、多色刷り版画（錦絵）作成。

安土桃山時代から江戸時代初期にかけて印刷技術は大いに発達し、その技術が江戸時代の出版業を支えていた。

◉本と川柳と瓦版◉

江戸庶民が読んでいた本

❖江戸時代の人気作家❖

作品ジャンル	作家名	生没年	詳　細
滑稽本	十返舎一九	1765〜1831	滑稽本を得意とした作家で、文筆業のみで生活した最初の人物。代表作は『東海道中膝栗毛』。
滑稽本	式亭三馬	1776〜1822	黄表紙・滑稽本を数多く執筆し、戯作者の第一人者。代表作は『浮世風呂』。
読本	滝沢（曲亭）馬琴	1767〜1848	江戸時代を代表する読本作家で、文筆業のみで生活していた。代表作は『南総里見八犬伝』。
洒落本	山東京伝	1761〜1816	戯作者・絵師。最初に原稿料を手にした作家で、寛政の改革の出版取り締まりで摘発され、処罰を受けた。代表作は『通言総籬』。
合巻	柳亭種彦	1783〜1842	江戸時代後期の戯作家。『修紫田舎源氏』で一世を風靡したが、天保の改革で譴責を受け、病没。合巻作品を得意とした。
人情本	為永春水	1790〜1843	江戸で出版業を営み、式亭三馬や柳亭種彦に師事。『春色梅児誉美』などの人情本を多数発表した。

江戸の庶民はどんな本を読んでいたのか。十返舎一九の『東海道中膝栗毛』、柳亭種彦《りゅうていたねひこ》の『修紫《にせむらさき》田舎源氏《いなかげんじ》』、滝沢（曲亭）馬琴の『南総里見八犬伝』などは庶民によく読まれベストセラーになった。また、『都名所《みやこめいしょ》図会《ずえ》』『江戸名所図会』などの名所図会、『家内重宝記』などの重宝記、『商売往来』などの往来物、貝原益軒《かいばらえきけん》の『養生訓』、算術書の『塵劫記《じんこうき》』など、息の長い隠れたベストセラーもあった。

column

作家に原稿料なし！

江戸時代、原稿料（潤筆料）で生活していた作家はほとんどいない。そもそも原稿料という考え方がなかったのである。作家の多くはほかに仕事を持っていた。最初に原稿料をもらったのは黄表紙・洒落本作者の山東京伝といわれている。曲亭馬琴も原稿料をもらっていた。馬琴は原稿料で生活を立てていた数少ない作家の一人だった。

『東海道中膝栗毛』

大ベストセラーの『東海道中膝栗毛』。挿絵なども入っていた。『東海道中膝栗毛』(国立国会図書館蔵)より

『江戸名所図会』

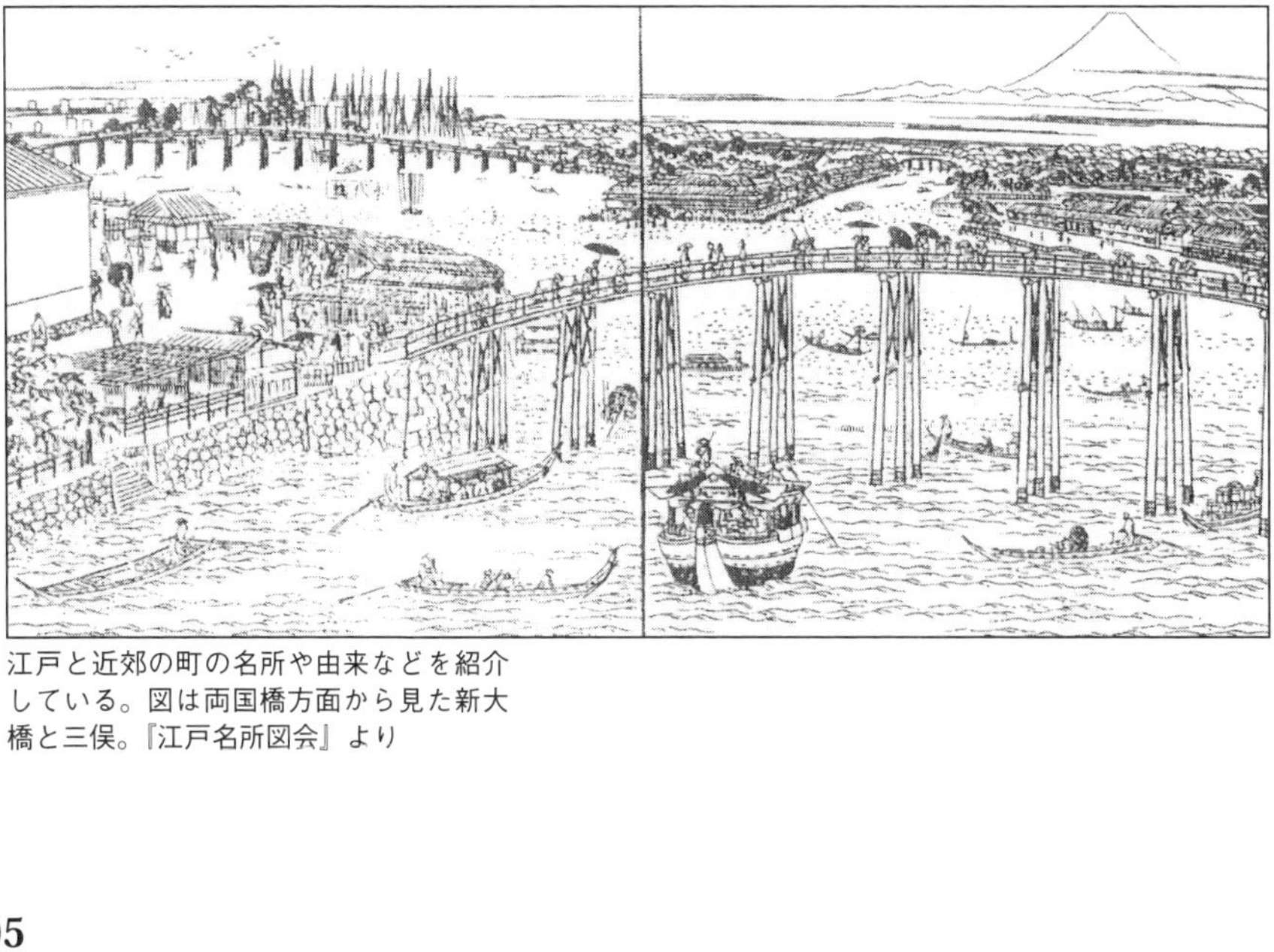

江戸と近郊の町の名所や由来などを紹介している。図は両国橋方面から見た新大橋と三俣。『江戸名所図会』より

◉本と川柳と瓦版◉

貸本屋は大繁盛！

本を薦める貸本屋

遊女に評判の本を薦めている。貸本屋は話術も要求される仕事だった。『倡客竅学問』（早稲田大学図書館蔵）より

貸本屋の顧客回り

顧客回りをする貸本屋（左）。貸した本を読み終えたころに訪問し、次の本を貸し出した。『妹退治』より

江戸時代の人々が読む本は、貸本屋から借りることが多かった。文化五年（一八〇八）、江戸には六五六軒の貸本屋があった。通常一軒の貸本屋は一七〇軒ほどの得意先を抱えていた。

貸本屋はもっぱら行商で、風呂敷に包んだ本を背負って得意先を回り、三日、七日など日限《にちげん》を決めて貸し賃（見料）をとった。「貸本屋密書三冊持ってくる」という川柳がある。密書とは艶本のことである。

column

「封切り」の語源

新しい映画をはじめて上映することを「封切り」と言うが、この「封切り」という言葉は、江戸時代の本から出たものである。草双紙、人情本などの新本は、美麗な意匠をこらした袋に入れてあり、読むときその封を切った。それがすなわち「封切り」で、江戸時代には新刊書という意味で用いられていた。

貸本屋より密書来たる！

ごめんくだせえ、貸本屋でございます
おお、これはこれは
いかがでございます？ 新しく仕入れたものもありますが
ついこないだ借りたばっかりだからなあ…
では、この密書はいかがですかな？
チラッ
おお、ふむふむ、これは何とも…
パラパラ
すばらしいですな！
おっと、ここまででございます
あ…
借ります！
女房に気取《けど》られぬうちに、は、早く！

◉本と川柳と瓦版◉

江戸で生まれた庶民の文芸・川柳

❖名作川柳の数々❖

孝行の　したい時分に　親はなし

意味　大人になり、やっと親のありがたみをしみじみ感じる年齢になると、親は亡くなってしまっていることが多い。

寝ていても　団扇のうごく　親心

意味　団扇をあおぎながら我が子を寝かしつける情景。ウトウトしながらも子供をあおぐ団扇の手は止まらないという、親の深い愛情を詠っている。

泥棒を　捕まえてみれば　我が子なり

意味　我が家に泥棒が入ったのを見つけ、暗闇の中必死の格闘。やっとおとなしくなった泥棒の顔をみると、自分の息子だったという滑稽さを表現している。

ひん抜いた　大根で道を　教えられ

意味　道ばたで農民に道を尋ねると、ちょうど引き抜いた大根で道を教えられる。何気ない動作と生活感が滑稽さをあおっている。

蟻一つ　娘ざかりを　裸にし

意味　恥ずかしいさかりの娘。しかし、蟻が衣服の中に入り込むと、蟻を追い出すことに夢中になって、とうとう裸になってしまった。意表をつく川柳ならではの笑いがある。

本降りに　なって出ていく　雨宿り

意味　にわか雨かと思い雨宿りをしていたが、いっこうにやみそうにない。ついに本降りになってしまい、そのなかへ飛び出すしかない滑稽さを詠んでいる。

江戸時代の中期、新しい文芸である「川柳」が生まれ、庶民のあいだに流行した。川柳は、俳句と違って季語などの決まりがなく、気楽につくることができた。また俳諧宗匠のなかには川柳を募集して、優秀句には豪華な賞品を出す者もいたため、さらに流行に拍車がかかった。こうした懸賞に応募するためには応募料が必要だったが、それでも人々は賞品を目当てに投句した。

そうした俳諧宗匠の一人に柄《から》井川柳《いせんりゅう》なる者がいた。彼が企画した募集には、多くの人々が参加し、下級武士も投句していた。ちなみに「川柳」という名は、柄井川柳からきている。

狂歌の会合

武士・町人の狂歌愛好者が連（グループ）を作り会合を持った。寛政の改革で武士が離れた後は町人が主体に。『萬載集著微来歴』より

初代柄井川柳の肖像

江戸中期に前句付（川柳の前身）の点者として活躍。宝暦7年（1757）、武士から庶民まで幅広く句を募集して編纂した『川柳評万句合』を発行し、名声を得た。『柳多留』より

川柳の絵解き

絵は川柳「細見を見てこいつだと女房いい」の絵解き。女房が吉原細見（遊女の名前）を見ると、亭主が普段よく言う名前が見つかった、という意味。『俳風柳多留・細見』より

◉本と川柳と瓦版◉

庶民の情報紙・瓦版

鯰絵を用いた瓦版

大地震の後、瓦版に掲載される鯰絵。要石で大鯰を押さえつける鹿島大明神を描いている。

自然災害を伝える瓦版

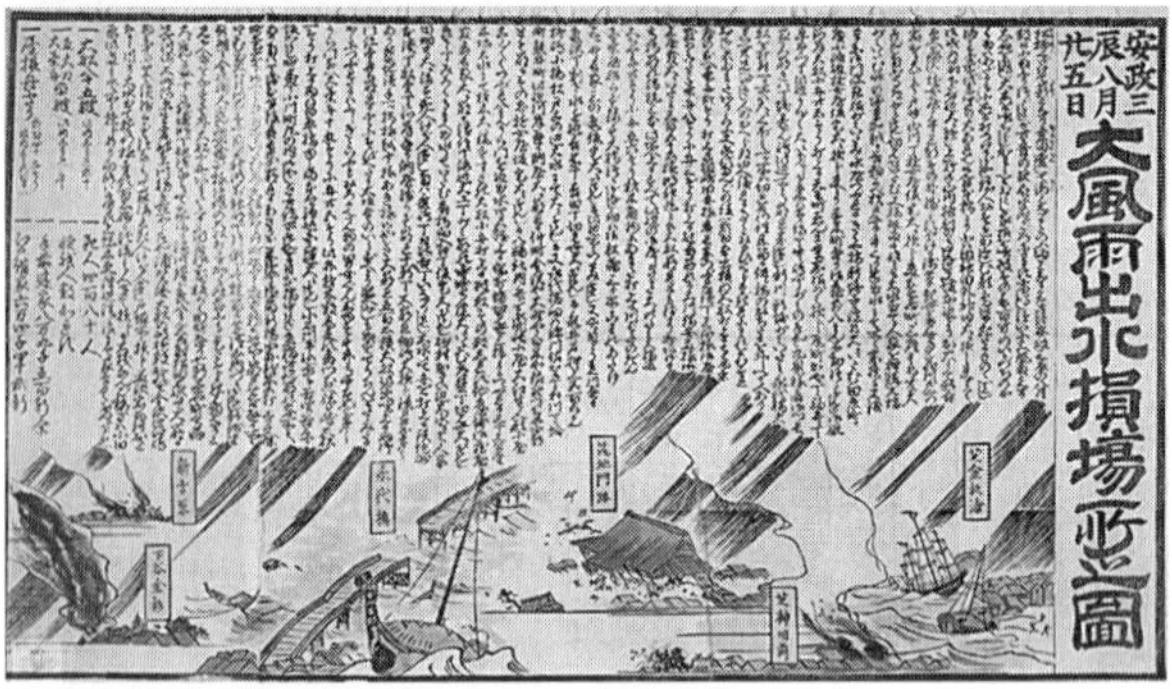

安政３年に江戸を襲った大暴風雨の被害を伝える瓦版。『安政三辰八月廿五日大風雨出水損場所之図』（早稲田大学図書館蔵）より

江戸時代にもニュースを伝える新聞があった。その新聞には記事と合わせて絵が描かれ、庶民たちの数少ない情報源として重宝されていた。いわゆる「瓦版」である。ちなみに「瓦版」という呼称は幕末期につけられたもので、江戸時代中期ころは読売《よみうり》、絵草紙《えぞうし》などと呼ばれていた。

瓦版の内容は珍談・奇談から、心中事件、仇討ち、火事、地震まで、バラエティに富んでいた。江戸では日々さまざまな事件が起こり、瓦版のネタには事欠かなかった。瓦版は主に心中事件を報じることが多かったが、心中が禁止になった江戸時代中期以降は、火事や地震などの災害に関するものが掲載されるようになった。

瓦版と新聞は少し違う!?

おいおい、また心中事件だってよ
いや、物騒だねえ
つくづく思うんだけどよ、もっと社会の動きとかを載せてもらいたいね、おいらは
しかし、それは御法度だからなあ、無理だろ
ん?
うっ! こ、これは!
これ、すごいのが載ってるぞ!
バン
江戸に妖怪出現!
・・・
これでいいのか?…

着物から帯までおしゃれもさまざま
江戸っ子のファッション

江戸時代にも
はやりすたりは
存在した！

◆着物と言えば小袖

江戸時代、衣服の基本になったのは小袖《こそで》で、これは現代の着物のルーツになっている。小袖は古くは装束の下に着る内衣として用いられていたが、室町時代から表着《うわぎ》として着られるようになった。小袖という名は、大袖に対してつけられたもので、袖口が小さい着物という意味である。

小袖は季節によって、夏は一枚ものの単衣《ひとえ》、春や秋は裏地をつけた袷《あわせ》、冬は表地と裏地のあいだに綿を入れた綿入れなどのように、形を変えて用いられた。

◆人目を引く文様から、地味な文様へ

表着として着ることができるように、小袖は時代に合わせて形や文様などが変化していった。とくに女性用に大きな変化が見られる。江戸時代前期の小袖は袖丈が短く、身幅はゆったりとしていたが、中期になると袖丈が長くなり、身幅は細くなり、後期には現代の着物とほぼ同じになった。

また文様は、初期は大柄で人目をひくものが好まれ、中期、後期には縞柄や小紋などの地味なものが好まれた。ちなみに寛文から文化、文政期までに文様の見本帳『小袖雛形』が一二〇点以上も刊行されている。

◆帯の結び方にも流行があった

小袖のように前合わせの着物を表着として着るためには、帯が必要となる。小袖の普及にともない帯も発達した。

帯の幅は江戸時代初期には細くて紐状だったものが、次第に広くなり、結ぶ位置は初期には前・後・脇とさまざまであったが、後期に後ろ結びが定着した。また女帯では多様な結び方が考案された。

❖当時流行していた帯の結び方❖

帯結びの手順

長襦袢の上に、着物を羽織る。

胸紐を結んでから、伊達締めを結ぶ。

帯を胴に巻いていく。二回り目から帯板を入れる。

帯締めを後ろに通し、前へ持ってきて結ぶ。

女帯の多様な結び方

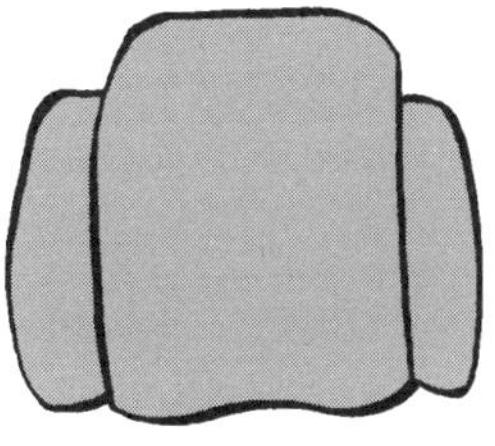

文庫結び

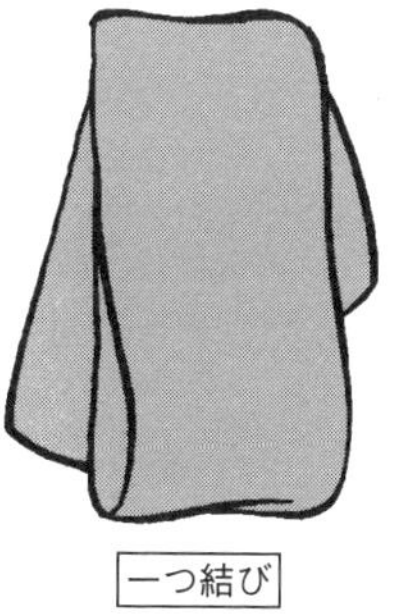

一つ結び

吉弥結び

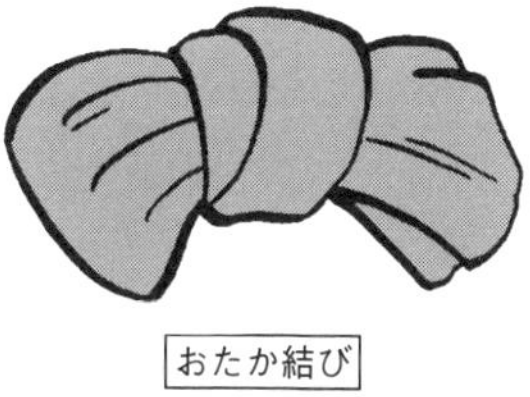

おたか結び

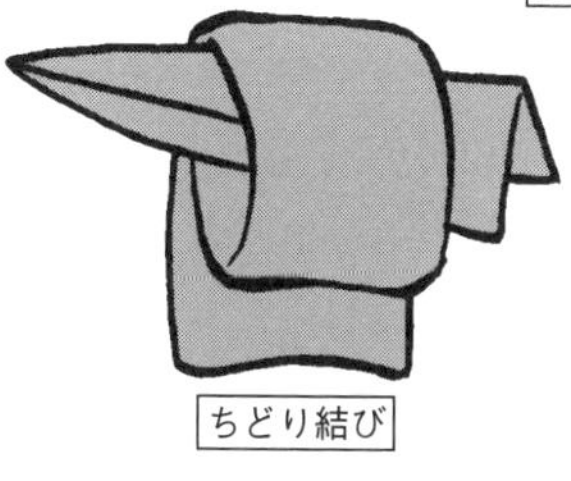

ちどり結び

◉江戸っ子のファッション◉

江戸っ子の「粋」とは!?

髭を剃る江戸っ子

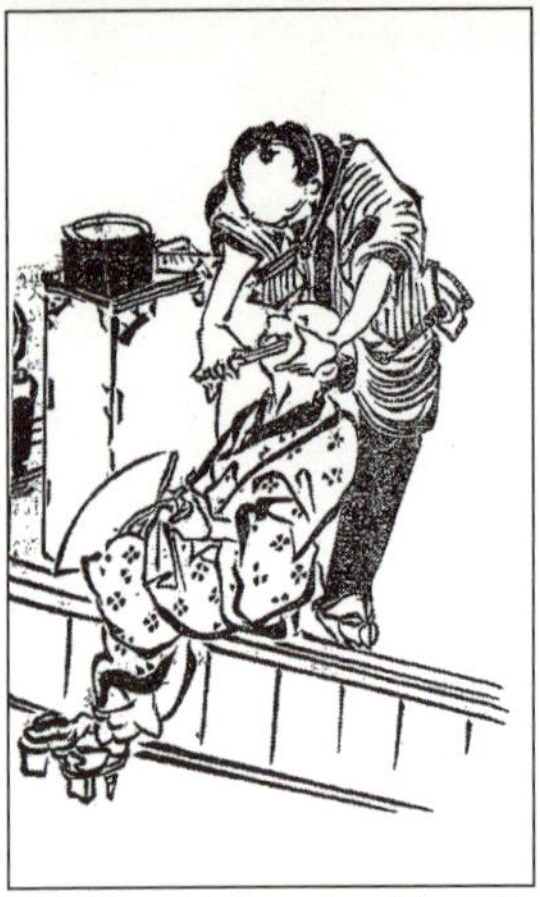

髭を剃ってもらっているところ。これも粋な身なりへの第一歩。『浮世床』（国立国会図書館蔵）より

長羽織の流行

二人とも安永年間に流行した長羽織姿である。身なりに敏感な江戸っ子は多かった。『曲輪雀大通先生』より

現在一般的に使われている「粋」という言葉は、江戸時代中期の町人社会で生まれた美意識である。気質・容姿・身なりなどが洗練されていて、洒落た色気があるさまを表している。

明治時代の哲学者・九鬼周造《くきしゅうぞう》は「粋」を次のように定義している。「垢抜けして張りのある色っぽさ」。その身体的表現としては、湯上がり姿、丸顔より細面《ほそおもて》、流し目、薄化粧などをあげている。また、着物などの文様においては、平行線による縞模様が粋な文様で（それも横縞よりも縦縞の方が粋）、色彩においては深川鼠《ねず》・銀鼠・漆鼠《うるし》などの灰色系、焦茶・媚茶《こび》・丁子茶《ちょうじ》などの褐色系、紺色、藍色、江戸紫などの青色系が粋な色としている。

❖粋な町家の親子の例❖

江戸中期を代表する男髷の本多髷。髻（もとどり）を高く巻き、立てた鬢（びん）に油を付けずに結う。
天明・寛政のころは、こうした長羽織が大流行した。このころは文様も落ち着いたデザインがオシャレとされていた。
子供も長羽織を着用していることから、裕福な町人親子であることがわかる。

羽織の丈は、時代によって長いものがはやったり短いものがはやったりを繰り返していた。

◉江戸っ子のファッション◉

田舎侍の着物は流行遅れ!?

田舎侍の道行く姿

浅黄色の木綿を裏地に用いた浅黄裏は、丈夫で実用的なことから庶民の間で一時流行した。だがブームが去ってからも愛用したのが江戸勤番の下級武士であった。絵は浅黄裏の客が、茶屋女に誘われているところ。『世説新語茶』より

「どのうらへ行ってももてぬ浅《あさ》黄裏《ぎうら》」（「うら」は「うち」の誤りであるという説もある）という川柳がある。浅黄裏はどんな遊女屋へ行ってもモテないという意味で、浅黄裏とは参勤交代で江戸にやってきた田舎侍を指している。

江戸勤番の田舎侍は、裏地に流行遅れの浅黄色（薄青色）の木綿を用いた着物を着ていることが多かった。その身なりを見て、江戸っ子たちは田舎侍をあざけり、「浅黄裏」と呼んだ。「浅黄裏手をこまねいて待っている」、「浅黄裏ある夜の夢に至極もて」など、浅黄裏は川柳によく詠まれている。川柳では浅黄裏は、野暮で、女にモテないことになっている。

田舎侍の浅黄裏

さすが、江戸だべ。人が多ぐて、目が回りそうだ
キョロキョロ
おい、あれ、浅黄裏じゃねえか？
ヒソヒソ
ちげえねえ、あの恰好でどこ行くつもりかね
ムッ
ん？ 田舎モンだってバカにされてたまっか。今日は、自慢の一張羅着てんだ。このかっこなら、どんなおなごだって…。そうだ、自慢の羽織をなびかせて歩いてみるべ…
ブワサ
おいおい、あの浅黄裏、開き直ってねえか？
ポカ
どういうこった？
ふふっ、ちょっと「粋」にふるまっちまっただか？ 照れるでねえか。でも、ここは知らんぷりして立ち去るのが、「粋」ってやつだべな…
何だありゃ？
逆にこっちが恥ずかしい気分になるな…

◉江戸っ子のファッション◉

身分によって定められた武家装束

旗本の衣装

かぶき者と呼ばれた旗本奴・水野十郎左衛門を演じる市川左団次。歌舞伎役者の絵だが、身なりは旗本のものを着用している。『極付幡随長兵衛』より

百石取りの武士

裃をつけ、やや丈が短い袴を着用。足には白足袋をはいている。こうした衣装は身分によって細かく定められていた。『江戸幕府役職集成』より

武家男子の服装には多彩な種類があった。束帯、衣冠《いかん》、直《ひた》垂《たれ》、狩衣《かりぎぬ》、大紋《だいもん》、布衣、素襖《すおう》、裃《かみしも》、羽織袴《はかま》など、身分や行事により服装が決まっていた。将軍宣下《せんげ》や勅使《ちょくし》饗応《きょうおう》の儀式では将軍から大名、従五位下の官職まで束帯や衣冠を着用。お目見以上（旗本）は布衣、お目見以下（御家人）は素襖。束帯や衣冠は元来公家の衣装、直垂は昔の武士の平常着だったが、やがて武家最上位の礼服となった。

column

江戸のファッションリーダー

衣服や髪型にははやりすたりがある。延宝年間、吉弥結びという帯の結び方が流行した。これは歌舞伎の人気女形、上村吉弥の舞台上の帯を真似たものだった。江戸のファッションをリードしたのは歌舞伎役者、そして遊女や芸者たちであった。その衣装や髪型などが庶民に大きな影響を及ぼしていた。

❖武士の服装の例❖

熨斗目（のしめ）長裃

御目見以上の武士の仕事着で、熨斗目の上に肩衣と袴が組み合わさった長裃を着用している。後ろに引きずるほど袴部分が長い。

継裃

袴は足首までの長さで半袴、肩衣・袴とは色合いが異なる裃を着けている。武士の略儀の公服で、江戸中期ころから平服として利用された。

普段着

釣りに行く武士の様子。釣り竿を持ち、小袖に羽織という軽装。

勉学の場も整っていた
江戸時代の学びの場

テストに体罰、江戸時代の子供も楽じゃない!?

◆寺子屋で教えていたこと

江戸時代の人々も子供の教育には熱心だった。江戸時代には「読み、書き、そろばん」を教える庶民の教育機関があった。いわゆる寺子屋である。なお、寺子屋という呼称は当時一般的に用いられてはおらず、手習《てなら》い、手跡指南《しゅせきしなん》などと呼ばれた。

寺子屋の数は明治一六年（一八八三）の調査では、江戸時代を通して全国で一万六五五六〇軒あったらしいが、実際はその数倍あったようである。ちなみに江戸市中は一二〇〇〜一三〇〇軒ほど。

◆藩校と私塾

教育機関としてはほかに、藩士の子弟のための藩校や、私塾もあった。藩校では儒学をはじめ、医学、洋学、武術などを学習した。江戸時代を通して藩校は二四七校、私塾は一三三一校。福岡藩の修猷館《しゅうゆうかん》、萩藩の明倫館《めいりんかん》、水戸藩の弘道《こうどう》館《かん》、儒学者・広《ひろ》瀬淡窓《せたんそう》の咸宜園《かんぎえん》（豊後国日田）、蘭学者・緒方洪庵《おがたこうあん》の適塾《てきじゅく》（大坂）などはよく知られている。

◆朝から晩まで習い事

式亭三馬の『浮世風呂』に、朝から晩まで手習いと稽古事で忙しい女の子が登場している。彼女の一日はこんな具合。

朝、起きて寺子屋へ行き机を並べる。それから三味線の先生のところへ行き朝稽古し、帰宅して朝食を食べてから踊りの稽古。そして寺子屋へ行き、午後二時ごろ帰宅すると、銭湯へ行き、家に帰って今度は琴の先生のところへ。帰宅して三味線と踊りのおさらいをし、少し遊んで日が暮れると、最後は琴のおさらい……。

これは小説のなかの話だが、実際、江戸の女の子たちは習い事で忙しかったようである。

❖江戸時代の教育機関❖

藩校

昌平坂学問所

藩が設立運営する藩校の頂点が、幕府直轄の昌平坂学問所。試験制度があり、優秀な成績をおさめると出世の糸口がつかめる。

『聖堂講釈図』（玉川大学教育博物館蔵）より

私塾

塾主の個性を生かした民間の教育機関。武士だけでなく商人や農民などに教えるところもあった。『桜川話帳綴』より

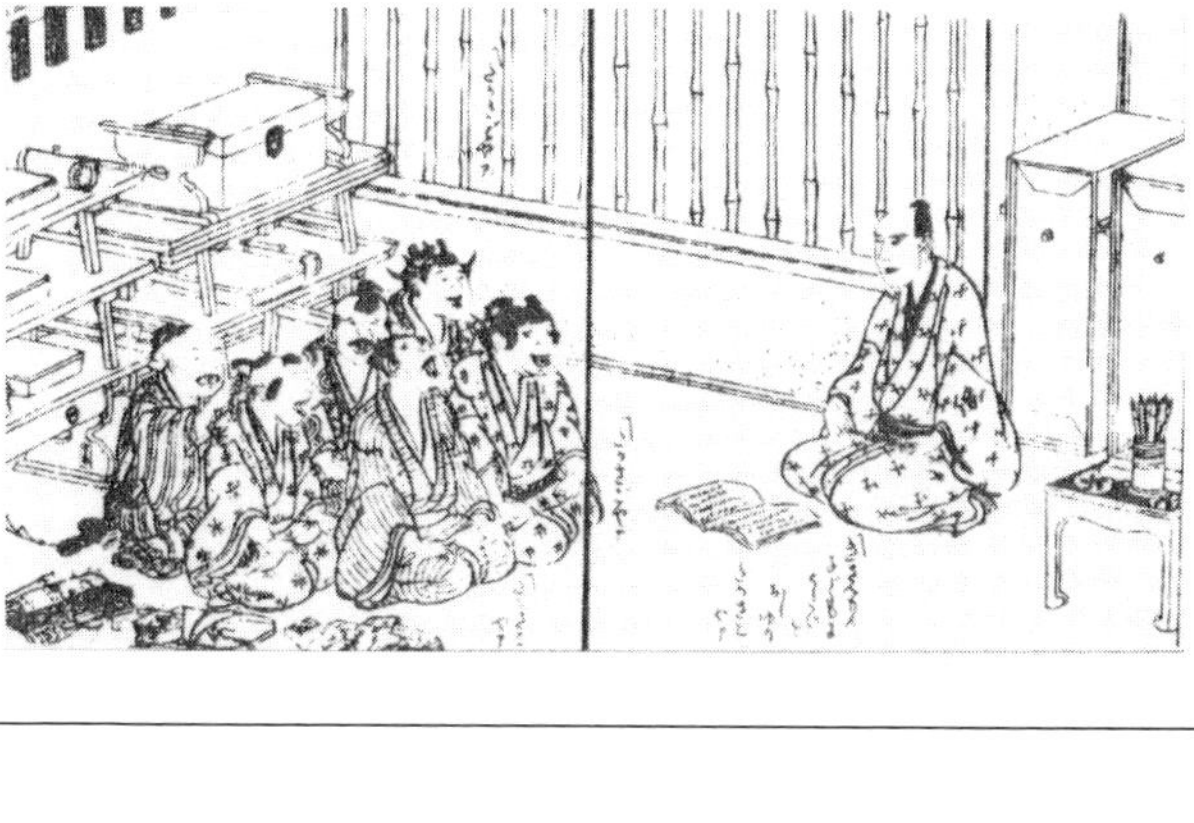

寺子屋

業種の異なるさまざまな家の子供が集まり、勉強をする。
『敵討大悲誓』より

◉江戸時代の学びの場◉

寺子屋でも試験があった！

寺子屋の教科書

寺子屋の教科書。「女庭訓宝文庫」は女子のための教本。『女庭訓宝文庫』（国立国会図書館蔵）より

寺子屋での学習風景

寺子屋は男女共学だったが、座席は男女別が基本だった。『絵本栄家種』（国立国会図書館蔵）より

寺子屋の規模は生徒数が二〇～三〇人というケースが多く、なかには一〇〇名を超えるところもあった。入学年齢に決まりはなく、江戸では六～七歳になると寺子屋へ行くのが普通だった。ちなみに寺子屋は無料ではない。入学金や授業料が必要だった。

授業時間は特に決まっていなかったが、基本的には、午前七時前後に始まり、午後二時ごろには終わった。休日は毎月一日、一五日、二五日と三日間のみ。ほかに節句休み、盆休み、正月休みなどがあった。

また、寺子屋では現代の学校などと同様に、テストも行なわれていた。そのほか体罰もあり、悪いことをするとお仕置きを受けることもあった。

❖寺子屋での罰の例❖

目の前にお線香を立て、燃え尽きるまで正座をさせられる。

背中に炭俵を背負った状態で正座させられている。身動きがとれない。

これは体罰ではないが、寺子屋には師匠から罰を受けた場合にかわりに謝る「あやまり役」がいた。

※『実見画録』を参考に作成

寺子屋のルールの例

男子の場合

- ●父母や師匠の申しつけを守ること
- ●服装を正しくして、礼節を重んじること
- ●ケンカ、口論、いたずらをしないこと

女子の場合

- ●着物の善し悪し、顔の善し悪し、家の暮らし向きについて言わないこと
- ●ムダ口、告げ口、わがままをしないこと
- ●友達や男子のうわさ話をしないこと

※『江戸の庶民の朝から晩まで』歴史の謎を探る会編（河出書房新社）を参考に作成

寺子屋で学ぶ主な科目

読書	地理	俳句	心学
算術	歴史	礼式	習字

※読み書きには、「往来物」を用いることが多かった。また、寺子屋の師匠は、農民の子には「百姓往来」、大工の子には「番匠往来」など、それぞれの子供に合ったものを与えて勉強させていた。

◉江戸時代の学びの場◉

江戸で人気だった習い事

常磐津の習い事風景

常磐津の師匠が、町の若衆や職人に稽古をつけている。『稽古所の賑ひ』（国立国会図書館蔵）より

式亭三馬の『浮世風呂』に登場する女の子は、三味線と琴と踊りを習っていたが、江戸では女の子にそうしたものを習わせる親が非常に多かった。そうした教養があると、将来的に都合のよいことが多かったためである。

当時の女性たちは、武家屋敷へ奉公にあがることを夢見ていた。武家奉公すると、良縁を得ることが期待できたためである。三味線や踊りなどの芸事を習っていると、武家屋敷にあがりやすかった。

江戸時代には、花道(生け花)、茶道（茶の湯）などの遊芸も習い事として普及していた。また香木をたいてその香りを鑑賞する香道が江戸の町人のあいだで流行した。

❖江戸時代に人気のあった習い事❖

習字

最初に学ぶべきことは、文字の読み書きが上手にできること。習字は定番の習い事だった。

三味線

江戸では音曲が大流行していたため、三味線を習う者は非常に多かった。

算術

絵のようなソロバンを中心に、算術の習得は重要だった。寺子屋などでも必須科目とされていた。

第五章 江戸時代の恋と情事

今も昔も人間模様を考察すると恋愛・情事が絡んでくる。
江戸時代の恋愛から結婚の在り方、遊里の様子まで、
江戸っ子の色恋事情を紹介。

武士・町人の悩みの種

恋の病・叶わぬ恋

自由恋愛不可
命がけの恋も多し！

◈恋愛はままならず

江戸時代は庶民、武士とも自由に恋愛ができなかった。「男女七歳にして席を同じうせず」、すなわち七歳にもなったら男女の別を正しくしなければならないというのである。そんな儒教道徳を教え込まれた江戸の人々は、幼いころから自由恋愛を抑圧されながら育った。

年頃になれば異性に興味を持つのは自然の成り行き。誰かに恋をするようになる。しかし、相手に想いが通じなかったり、あるいは恋をしたいのに相手がいなかったりすると、恋の病《やまい》にかかってしまうことになる。

江戸川柳には、恋の病にかかった娘を詠んだものが多い。「労咳《ろうがい》の元は行儀よくそだち」。この川柳はその一つ。労咳は肺結核のことだが、恋の病で物思いにふける症状も労咳と呼ばれた。この句の労咳は後者の意味。躾《しつけ》が厳しいと、恋ができず、あるいは恋を発展させられず、労咳にかかってしまう。

◈叶わぬ恋の清算に心中

相思相愛の仲を相惚《あいぼ》れという。相惚れで一緒になれればいいが、ほとんどの場合、そうはいかない。江戸時代の人々は叶わぬ恋の清算の一つとして、心中を選ぶことが少なくなかった。そのため、江戸時代には多くの心中事件が起き、瓦版のネタになった。江戸時代中期の享保年間（一七一六〜三六）、幕府は心中を厳しく罰した。心中した二人の死体は埋葬することを許さず捨て置き、片方が生き残った場合は死刑にされ、未遂の場合には三日間市中に晒《さら》され、非人頭《ひにんがしら》のもとに送られ、非人とされた。

しかしそれにもかかわらず、その後も心中は絶えなかった。

一目惚れの女性

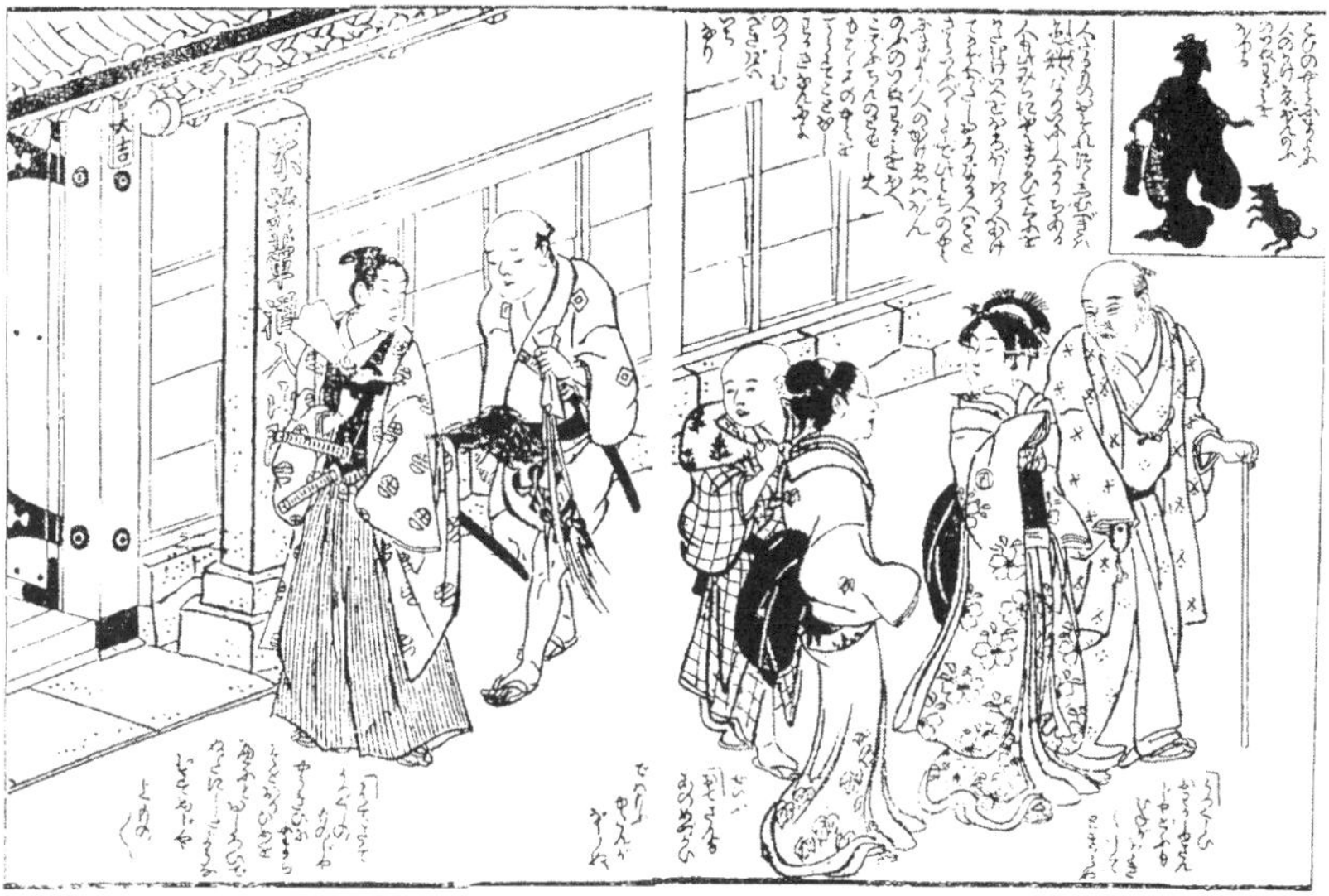

お寺参りの帰り道で、美しい若衆に目を奪われる娘（右から２人目）。こうした思いが成就することは稀であった。『児訓影絵喩』（早稲田大学図書館蔵）より

叶わぬ恋の遊女

馴染み客との口喧嘩の末、自分の心情を見せるために指を切ろうとする遊女。『御江戸之花』より

◉恋の病・叶わぬ恋◉

男女の出会いのスポット、浅草寺仁王門前

浅草寺・風雷神門の前

人々でごった返す浅草寺。参詣人の他に飴屋（丸い傘の店）も見える。『風雷神天狗落胤』より

平内像に祈る男女

自由恋愛が難しい時代なだけに、縁結びの神・平内像にあやかる男女は多かった。絵の中でも、女性がお参りしている。『江戸名所図会』（国立国会図書館蔵）より

浅草にある浅草寺境内の仁王門は、江戸時代の男女の出会い（見合い）の場として利用されていた。それには江戸時代前期の武士、久米平内《くめのへいない》（一説に天和三年・一六八三没）という人物が関係している。

久米平内は九州の浪人で、千人斬りを志して多くの人々を斬った。晩年、その罪滅ぼしに、自分の像を刻んで、浅草寺仁王門前に埋め、人々に踏みつけてもらった。

江戸っ子たちがその「踏みつける」を「文《ふみ》つける」（恋文を渡す）と読み変え、そこから仁王門前が男女の出会いの場になったのである。久米平内の像はのちに祠《ほこら》におさめられ、縁結びの神としてあがめられるようになった。

❖出会いスポット・浅草寺界隈❖

雷門は、左右に雷神・風神を配しているので風雷神門と呼ばれていたが、やがて要約して雷門になった。『江戸高名会亭尽・浅草雷門前』より

雷門

◉恋の病・叶わぬ恋◉

江戸の男色

陰間茶屋の様子

二階へ上がっていくのが陰間。階段下の男はその従者。『絵本吾妻抉』（早稲田大学図書館蔵）より

事に及ぶ陰間

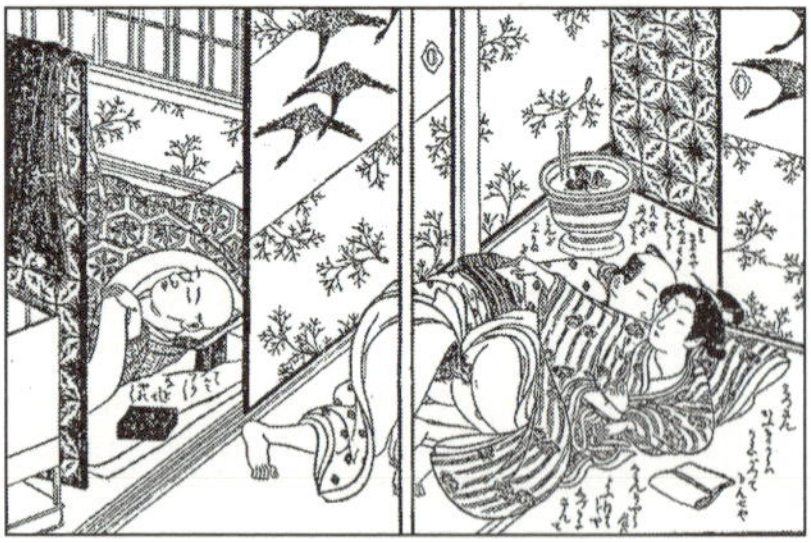

客の僧侶の寝息をうかがいながら、情夫と事に及ぶ陰間。もちろんこの３人は全員男性である。『色道三津伝』より

男性間の同性愛を男色という。男色の起源は古く、俗説では空海が創始者とされている。女色が禁じられていた僧侶社会では、昔から男色が行なわれ、それがやがて武家社会にも及んでいった。

武士たちの主従関係はいわば男と男の契り、女性が立ち入ることのできない特殊な関係だった。そのため、肉体関係にまで発展する例が少なくなかった。こうして、武家社会に男色が位置づいたのである。

江戸時代に入ると男色は町人のあいだにも浸透していった。江戸には芳町《よしちょう》や湯島天神前をはじめ、各所に男色専用茶屋があり、僧侶や武士や町人たちが、陰間《かげま》と称された少年の男娼をそこへ呼んで遊んだ。

❖陰間の身なりの例❖

前額に紫色の野郎帽子を付けている。
帯に小刀を差している。
陰間茶屋の小女が、陰間を案内している。
陰間。野郎帽子や小刀から、歌舞伎の女形であることがわかる。
陰間には従者がついている。

◉恋の病・叶わぬ恋◉

江戸のラブホテル・出合茶屋

不忍池ほとりの出合茶屋

上野不忍池の出合茶屋は「蓮の茶屋」「池の茶屋」とも呼ばれていた。『絵本江戸土産』（国立国会図書館蔵）より

不忍池の遠景

こちらは不忍池周辺を俯瞰した絵。出合茶屋は、弁天社への道の両側に池の上に張り出すように立ち並んでいた。『東都名所上野山王山 清水観音堂花見不忍之池全図中島弁財天社』（国立国会図書館蔵）より

江戸時代にも現代のラブホテルと同じようなものがあり、出合茶屋と呼ばれた。出合茶屋は江戸の各所にあったが、特に多かったのは上野不忍池のほとりで、江戸中に知られていた。建物はたいてい数寄屋造りで（二階建ての家もあった）、客同士が顔を合わさなくてもすむように出入り口が数か所に設けられていた。また客が入りやすいように「料理処」などの看板をだしていたところもあった。

席料は飲食込みで一分（一両の四分の一）。一両＝一〇万円として換算すると、二万五〇〇〇円になる。金額もそれなりにかかるため、長屋に住まうような人々はほとんど利用できず、主に御殿女中や未亡人などの密会の場所として利用された。

出合茶屋「ゆるせ」の声は男なり

おいらにもチャンスが回ってきやがったか…
もう、無理だあ〜！
何よ、まだ始まったばかりなのに。待ちなさい！
出合茶屋　ゆるせの声は　男なり
ひい、許してくれ〜！

江戸時代ならではの結婚の概念

町人の結婚・武士の結婚

恋愛はもちろん
結婚の自由もなし！

◆庶民の結婚は仲人が橋渡し

江戸の庶民の結婚は、恋愛によるよりも、仲人の仲介によることが多かった。つまり、お見合い結婚である。長屋の大家や出入りの商人などが仲介役を果たし、縁談を持ってきた。また、江戸には仲人を商売にする者も多かった。

見合いは江戸時代に上方ではじまったといわれている。中期ころになると江戸でも行なわれるようになり、花見や寺社参詣、芝居見物、舟遊びなどにこと寄せて、仲人をともない見合いをした。

見合いと言っても、現代の見合いとは大きく異なる。「すり違うように仲人工面をし」という川柳があるように、二人がどこかですれ違うように仲人が方法を考えたのである。江戸時代の見合いは、すれ違いざまに、ちらりと見るだけであった。見合いの場所には水茶屋（喫茶店）などもよく利用された。

◆武士の結婚は許可制

江戸時代では、結婚した夫婦が夫の住居に住む嫁入り婚が町人、武家ともに一般的であったが、武士の結婚には許可が必要だった。元和元年（一六一五）に出た江戸幕府初の「武家諸法度」で、「私《ひそか》に婚姻をむすぶべからざる事」と、無断結婚を禁じている。大名から下士にいたるまで、結婚には将軍または上司の許可を得る必要があった。

武士の結婚は本人の意思とは関係なしに、主君や親の意見で相手が決まった。また、江戸時代は身分制度が厳格で、家格相応の縁組でなくてはならず、身分違いの婚姻は許されなかった。武士には結婚の自由がほとんどなかったのである。

茶屋でのお見合い

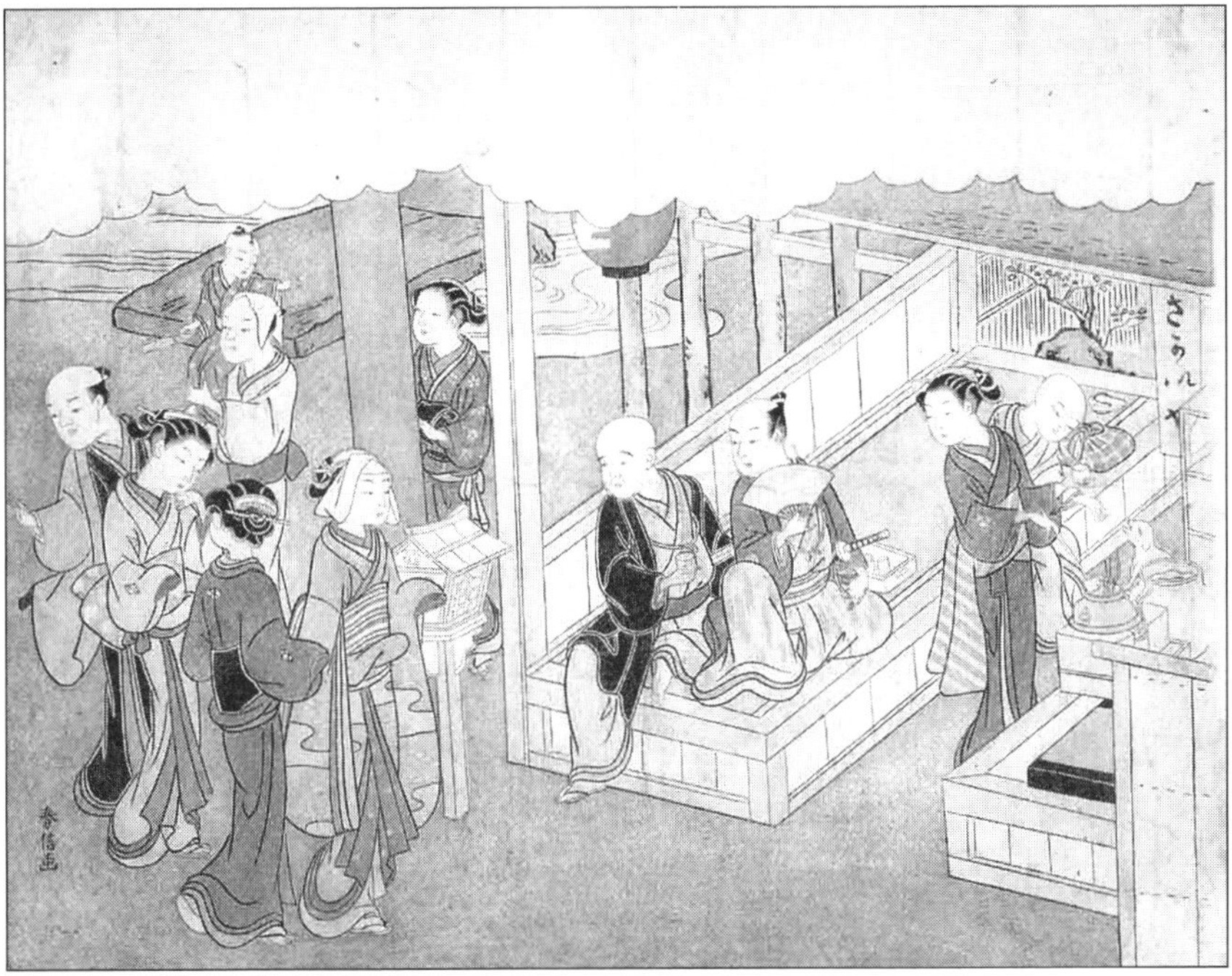

お見合いの様子。中央の黒い羽織を着ているのが仲人。『春信婚姻之図』（国立国会図書館蔵）より

婚礼のお色直しの様子

婚礼における「色直し」は江戸時代からすでに存在していた。『婚礼色直し之図』（国立国会図書館蔵）より

医者が仲人をつとめることが多かった

江戸時代の医者

江戸時代の結婚は、恋愛より仲人の仲介によるものが多く、医者たちがその役を担うことが多かった。『懐中しわみの紐』より

「一割は仲人ぽっぽへ入れるなり」という川柳がある。江戸時代、仲人は結納金または持参金の一割を礼金としてもらえた。うまくやれば仲人は商売として成立したため、江戸には仲人を商売にする者もいて、女性の仲人屋は仲人嬶《かかあ》などと呼ばれた。

医者が仲人をすることも多かった。「仲人にかけてはしごく名医なり」という川柳がある。病気は治せないが縁談をまとめるのはうまい医者が結構いた。

column

離婚と三行半《みくだりはん》

江戸時代も離婚は多かった。その原因としては、子供ができないためというのが多かった。当時、離婚は男の一方的な権利で、離縁状を女房に渡せば、離婚が成立した。離縁状はたいてい三行半の長さで書かれたため「三行半」ともいう。離縁状には離縁の理由と再婚の許可について記す。つまり三行半は再婚許可証でもあった。

「医者＝仲人」の勘違い

このあいだ、例の医者のところへ行ってきたよ
何い！ あの医者の所へか⁉
ということは…
モヤ モヤ
いやあ、熱が出て困ったけど、なんとかうまくいったよ
熱が出て…
モヤ モヤ
あ～、良かった。風邪が治って
ちくしょー！ なんであいつばっかりいい思いを!!
オヤジ！ 酒だ！ 酒持ってこーい!!
ドン

◉町人の結婚・武士の結婚◉

不倫がバレるとどうなった!?

老人と奉公人の不義密通

老人が若い奉公人とできてしまい、家の中は大騒ぎ。こうした場合、当人が隠居前だと親戚で話し合い、強制的に隠居させることもあった。『世中貧福論』より

亭主に露見した情事

こたつの中でこっそり情事にふけっていると、亭主がやってきてバレてしまった。『会本都功密那倍』より

現代では不倫をしても罰せられることはないが、江戸時代、不義密通（不倫）をしたら、当人と相手の両方とも死罪となった。また、例えば夫が妻の密通の現場を見つけ、その場で妻と相手の男を殺したとしても、夫は罪に問われなかった。

密通罪は親告罪だったため、相手を死罪にするためには告訴しなければならなかった。しかし実際は、密通が露見したとしても示談で済ませることの方が多かった。人妻と密通した男が、女の亭主に謝罪金（首代）を払うのである。その額は、江戸では七両二分が相場だったが、のちに五両に低下した。「女房の損料亭主五両取り」「女房をにらんで亭主五両取り」という川柳がある。

美人局に注意!?

ガラッ
おい、てめえ、俺の女房に手出しやがったな！

えっ…

ウフッ
死罪になりたくなければ、誠意をみせろや！ああ!?

す、すみません、知らなかったんです。お許しを…

示談で済ませたければ、さっさと金持ってこいや！

密通罪の場合示談で済ませることが多かったため、夫婦共謀して金銭をだまし取る者も少なくなかった。これを「美人局（つつもたせ）」という

吉原から岡場所まで
遊里に通う男たち

江戸の遊廓はバリエーション豊富

◈江戸で唯一の公許の遊郭・吉原

徳川家康が江戸に幕府を開いたころ、江戸にはすでに多くの遊女屋があった。それらの主人たちが幕府に対し、遊女屋を一か所に集めて遊廓を開けば、法を犯す者の取り締まりが容易になることを強調し、遊廓の設置許可を願い出た。幕府はこれを認め、葺屋《ふきや》町（現在の日本橋人形町付近）の葭《よし》の生い茂る沼地を下付した。これが、江戸唯一の公許の遊廓、葭原（のち「吉原」と改称）である。

元和四年（一六一八）営業が開始された。

◈遊女の数は二〇〇〇人以上

明暦三年（一六五七）、江戸で大火が起こり吉原遊廓も焼失。これを機会に遊廓は浅草観音裏の日本堤《にほんづつみ》付近に移転。新吉原は辺鄙《へんぴ》な場所だったが、旧吉原の五割増の広さ。また昼のみの営業だったのが、夜間営業も許可された。東西一八〇間、南北一三五間の方形の土地に妓楼が軒を連ね、遊女の数は二〇〇〇～四〇〇〇人。また、旧吉原の客は武士主体であったが、新吉原の客は町人主体。吉原遊廓は江戸の一大歓楽地として、町人文化に影響を与えた。

◈非公認の遊里・岡場所

江戸の各所に点在した非公認の遊里を岡場所《おかばしょ》と呼ぶ。吉原は金額が高く、また交通の便も悪かった。それに対し岡場所は市中にあり、比較的手軽に遊べた。

また、江戸には遊女屋などに属さない、夜鷹《よたか》、提重《さげじゅう》、船饅頭《ふなまんじゅう》などと呼ばれた私娼もいた。

column

江戸時代のバイアグラ

今日のバイアグラに匹敵する勃起薬が江戸時代にもあった。一つは「長命丸《ちょうめいがん》」。これは塗り薬で、性器に塗れば通常より大きくなり、勃起力が長持ちするというもの。もう一つは「危檣丸《ほばしらがん》」で、こちらは飲み薬。その広告に、これを七日間服用すれば、老人でも堅く勃起し、意のままになるとある。

遊女のランクと遊女屋のランク

●遊女のランク

（ランク高い → ランク低い）

- **呼出《よびだし》**　張見世《はりみせ》をせずに、呼び出す必要のある遊女
- **平の昼三《ひるさん》**　張見世をする遊女で、揚げ代が金三分の遊女
- **附廻《つけまわし》**　張見世をする遊女で、揚げ代が金二分の遊女
- **座敷持**　自分の座敷を持ち、別の座敷に客を迎える遊女
- **部屋持**　自分の部屋に客を迎える遊女
- **切見世女郎《きりみせじょろう》**　軒割りの長屋を四尺五寸～六尺ほどに区切ったところで、短い時間で客の相手をする遊女

●遊女屋のランク

（ランク高い → ランク低い）

- 大籬(おおまがき)＜大見世＞
- 半籬(はんまがき)＜中見世＞
- 惣半籬(そうはんまがき)＜小見世＞

❖遊女屋に属さない私娼❖

夜鷹

夜間街頭に出て客を引き、樹木の陰や材木置き場にムシロを敷いて行なった。『江戸職人歌人集』より

船饅頭

川岸で客を船に乗せ、また戻るまでの間に済ませる。料金は夜鷹より高かった。『江戸職人歌人集』より

提重

手提げの重箱を持って色を売り歩くことからこの名がついた。値段は個人差があった。『米饅頭始』より

◉遊里に通う男たち◉

吉原通いは舟に乗って

吉原の入り口

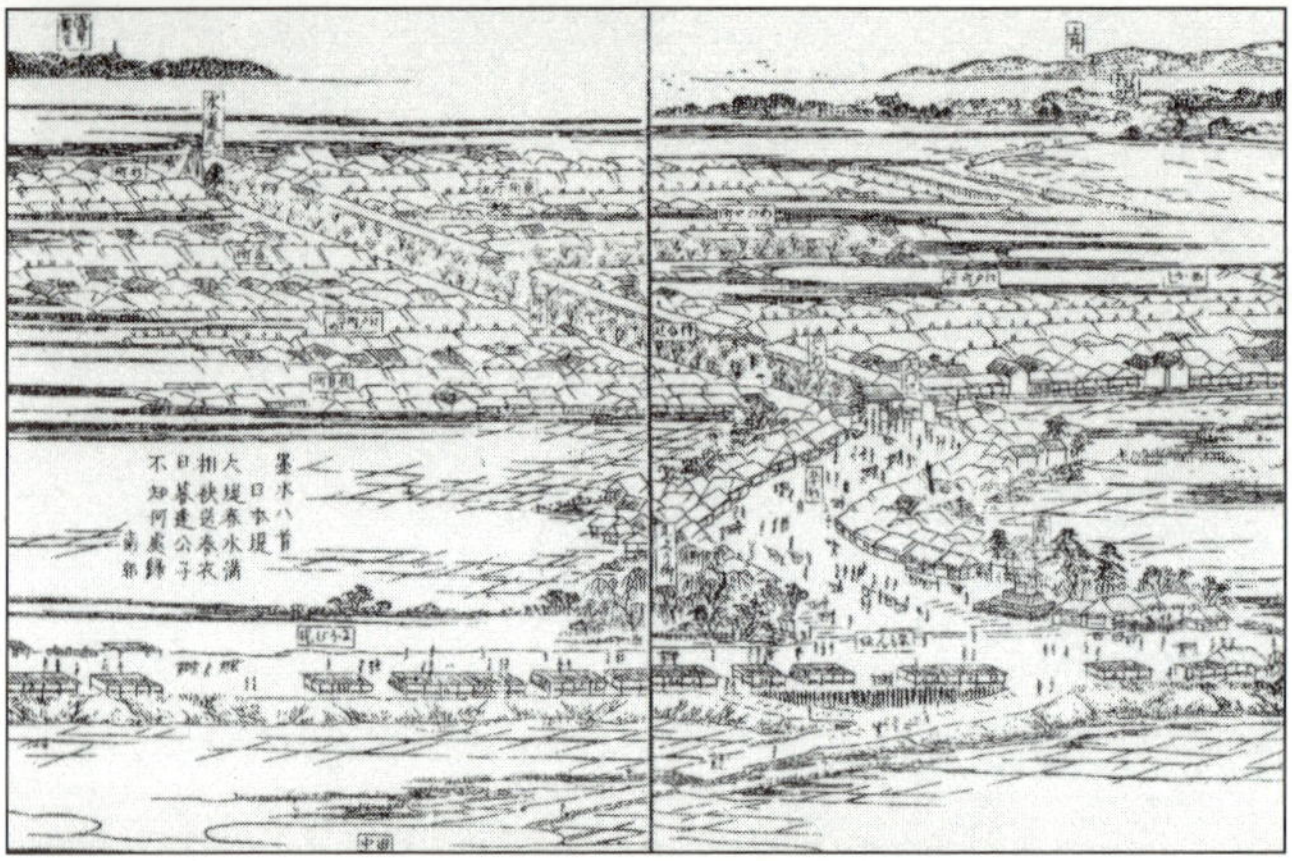

手前の通りが日本堤、曲がりくねった衣紋坂を抜けると吉原の入り口、大門に至る。『江戸名所図会』（国立国会図書館蔵）より

吉原の座敷遊び

客の右隣が相手の遊女。その両脇は新造。『女郎買糠味噌汁』より

吉原遊廓は市街のはずれに位置していたため、吉原通いには大変な時間を要した。いくつかの道筋があったが、その一つに隅田川を猪牙舟《ちょきぶね》でさかのぼっていくというルートがあった。猪牙舟とは猪の牙のような先がとがった細長い、屋根のない高速の舟である。

　まず、浅草橋や柳橋あたりで猪牙舟に乗り込んで隅田川をのぼっていく。その後、山谷堀《さんやぼり》河口で舟を降り、そこから徒歩で、または駕籠に乗り、日本堤の土手を八丁（約八七〇メートル）ほど進み、左に折れ衣紋坂を下ると、吉原に達する。

　男たちは、己の欲望を満たすため、こうして長い道のりを経て、夢の吉原へと足を運んでいたのである。

❖猪牙舟で吉原へ向かう男たち❖

猪牙舟に乗って吉原へ通う男たちの様子。猪牙舟はスピードが出たが安定性が良くなく揺れがひどかった。そのため船酔いする者も多かった。

吉原のガイドブック

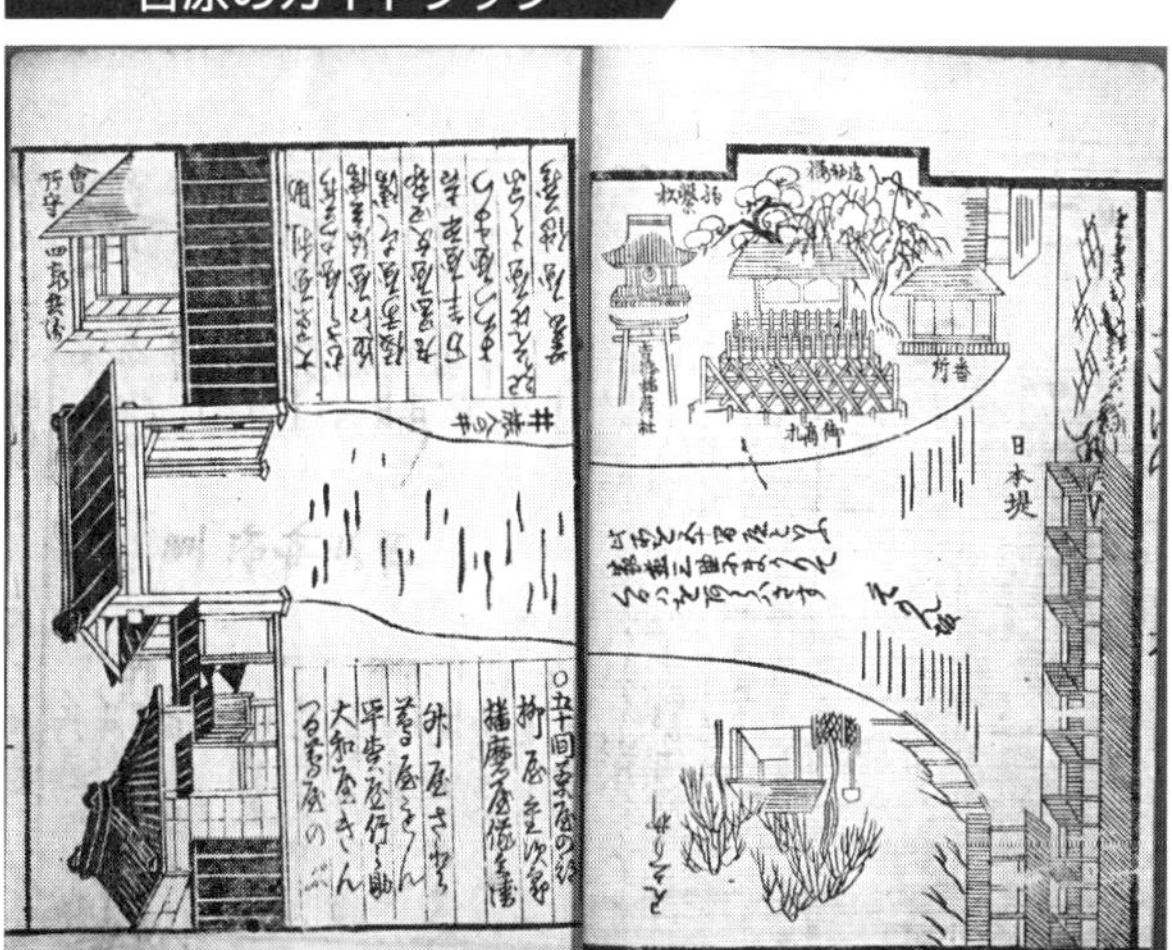

「吉原細見」の吉原大門付近を紹介した部分。吉原全体にわたって詳細な解説が載せられていた。『吉原細見』（早稲田大学図書館蔵）より

◉遊里に通う男たち◉

三度通ってやっと床入り

江戸時代中期まで、吉原には客と遊女を取りもつ揚屋《あげや》制度があり、高級遊女と遊ぶ場合、客は揚屋で遊女を指名し、揚屋の手配で妓楼から遊女を呼んでもらった。これは手続きが面倒で経費もかさむため、やがて直接遊べる制度になった。吉原には特有のしきたりもあった。最初は「初会《しょかい》」と称し顔見せのみ。二度目は「裏を返す」といい、会話をして親しむ。三度目で「馴染み」となり床入りが許された。

遊女と床入りするまでの手順

1回目	初会	引付座敷で酒などをのんで遊女を待つが、会っても会話はない。いわば見合いのようなもの。顔見せ。
2回目	裏を返す	初会で会った遊女を指名し、宴席をもうけ、会話を楽しむ。多少打ち解ける。
3回目	馴染み	これまでとは打って変わって遊女が打ち解けてくる。この段階ではじめて遊女の部屋へ案内され、床入りとなる。

客と遊女の床入り

遊女に性技を学ぶ客。『新撰東錦絵 おさめ遊女を学ぶ図』（国立国会図書館蔵）より

column

江戸時代の避妊薬 朔日丸《ついたちがん》

江戸時代、朔日丸という避妊薬があった。毎日朔日（月の最初の日）に服用すればその月は妊娠しないとされていて、江戸ではよく知られた薬だった。朔日丸は川柳にもよく詠まれているが、確かに効き目があったことになっている。しかし成分は不明。

朔日丸は明治時代初頭のころまで発売されていた。

床入りまでの３段階

江戸の岡場所

深川の岡場所

岡場所としての歴史が古い深川。絵は深川の料理茶屋の店先。右側に辰巳芸者の姿が見える。『江戸大じまん』より

品川の座敷にて

7月26日は二十六夜待といって、房総半島を眺めながら月の出を待つ客で賑わった。『絵本物見岡』（東北大学附属図書館狩野文庫所蔵）より

「岡場所はくらわせるのがいとま乞《ご》い」という川柳がある。非公認の遊里である岡場所の女性たちは客が帰るとき、いとま乞い（別れの挨拶）のつもりで「またおいで」などと言って、背中をポンとどやしつけたりした。右の川柳は、その情景を詠んだものである。

吉原と異なり、岡場所は面倒な手続きや作法がなく低料金で遊べたので人気があった。最盛期には岡場所の総数は二〇〇近くに及び、なかでも深川、本所、根津、浅草などは岡場所の名所として有名だった。

岡場所の多くは寺社の門前町にあった。それらの門前町は寺社奉行の管轄で、私娼の取り締まりにあたる町奉行の管轄外であった。

❖江戸の主な岡場所地帯❖

□で囲んでいるところが主な岡場所。

第六章 江戸の事件

江戸の町はどのようにして犯罪から守られていたのか。
また、天災が起こったときどう対処していたのか。
奉行所とは何なのか。その実情に迫る。

文字通り江戸の治安を死守

町奉行のしくみ

ハードワークにつき 過労死も続出！

◎町奉行の仕事は民政全般

大坂や京都などの町奉行は大坂町奉行というように、地名をつけて呼んだ。しかし、江戸の場合は特殊で、江戸町奉行ではなく、単に町奉行と呼んでいた。もちろん、江戸が日本の中心だったため割愛されたのである。

町奉行といえば、白洲《しらす》での裁判がすぐに連想される。だが町奉行の職務はそれだけではない。江戸町方の司法・警察をはじめ、行政、消防など、民政全般を担当した。現代でいえば、東京都知事、高等裁判所判事、警視総監、東京消防庁総監などを兼任する立場である。また、町奉行は幕府の最高審理機関・評定所《ひょうじょうしょ》の構成員でもあった。

◎江戸の警察官はわずか三〇人

町奉行は複数制（通常二名）であり、二つの町奉行所（南町奉行所、北町奉行所）があった。町奉行所は町奉行の住居を兼ね、一般の人々からは御番所《ごばんしょ》と呼ばれていた。町奉行の仕事は隔月交代制で、南・北奉行所が交互に執務していた。

町奉行の組織や人員は時代によって違いがある。江戸時代後期、南北それぞれの町奉行所には、町奉行のもとに与力が二五騎、同心が一二〇名配属され、少数精鋭の体制で職務にのぞんでいた。

三廻《さんまわ》りという職務があった。これは現代でいえば警察官に相当する。三廻りは同心のみで構成され、人数は一二～一四人くらいで（時代によって異なる）、南北合わせても三〇人に満たなかった。つまり、江戸にはそれだけしか警察官がいなかったことになる。これでは大都市・江戸の治安を守るのは困難。そこで三廻りの同心たちは目明《めあか》し（岡っ引《おかっぴき》）を手先として私的に使っていた。

白洲での裁判の様子

白洲にて詮議を行なっている。詮議のほとんどは吟味方与力が行ない、町奉行は白洲で追認するのみ。『朝顔日記』より

江戸の警察構図

町奉行

武家地、寺社地を除く江戸市中の行政、司法、警察、消防などを司った。寺社奉行、勘定奉行と並ぶ三奉行のひとつ。

町与力

警察組織の中核になる位置にあり、4～5人の同心を持ち、指揮、捜査活動・治安維持活動に務めた。町与力は八丁堀に組屋敷を与えられていた。

町同心

与力の下に置かれて、2～3人の岡っ引を指揮、捜査活動・治安維持活動に当たった。与力と同じく八丁堀に組屋敷を与えられていた。

岡っ引

小者、目明しとも言う。町奉行所の同心や火付盗賊改が私的に使用した者で、犯罪捜査と犯人逮捕に当たった。銭形平次が有名。

◉町奉行のしくみ◉

江戸の町奉行所が南北に分かれていた理由とは!?

番小屋を見回る町奉行所の役人

町奉行所の役人（左）が番小屋を訪問している。木戸番と町役人が正装で迎えている。『新建哉亀蔵』より

人相書を見せて回る町奉行所の役人

番小屋の面々に人相書を見せて、注意を促す町奉行所の役人たち。『奇事中洲話』より

江戸の町奉行所は、南町奉行所と北町奉行所に分かれていたが、それぞれに町奉行がいた。この町奉行の複数制は権限が一人に集中するのを防止する効果があった。しかし「南・北」と言っても、江戸の町を南北に分けて、それぞれが南と北を管轄していたわけではない。各奉行所が江戸全域を交代で担当していた。つまり「南・北」は、管轄地域を表していたわけではなく、単に所在地の位置を示していたにすぎない。江戸時代中期には「南・北」のほかに、中町奉行所ができた時期もあった。

町奉行は一か月交代の月番制であった。南町奉行所が月番のとき、北町奉行所は非番となる。しかし、非番でも門を閉じて仕事は続けていた。

❖南北の町奉行所❖

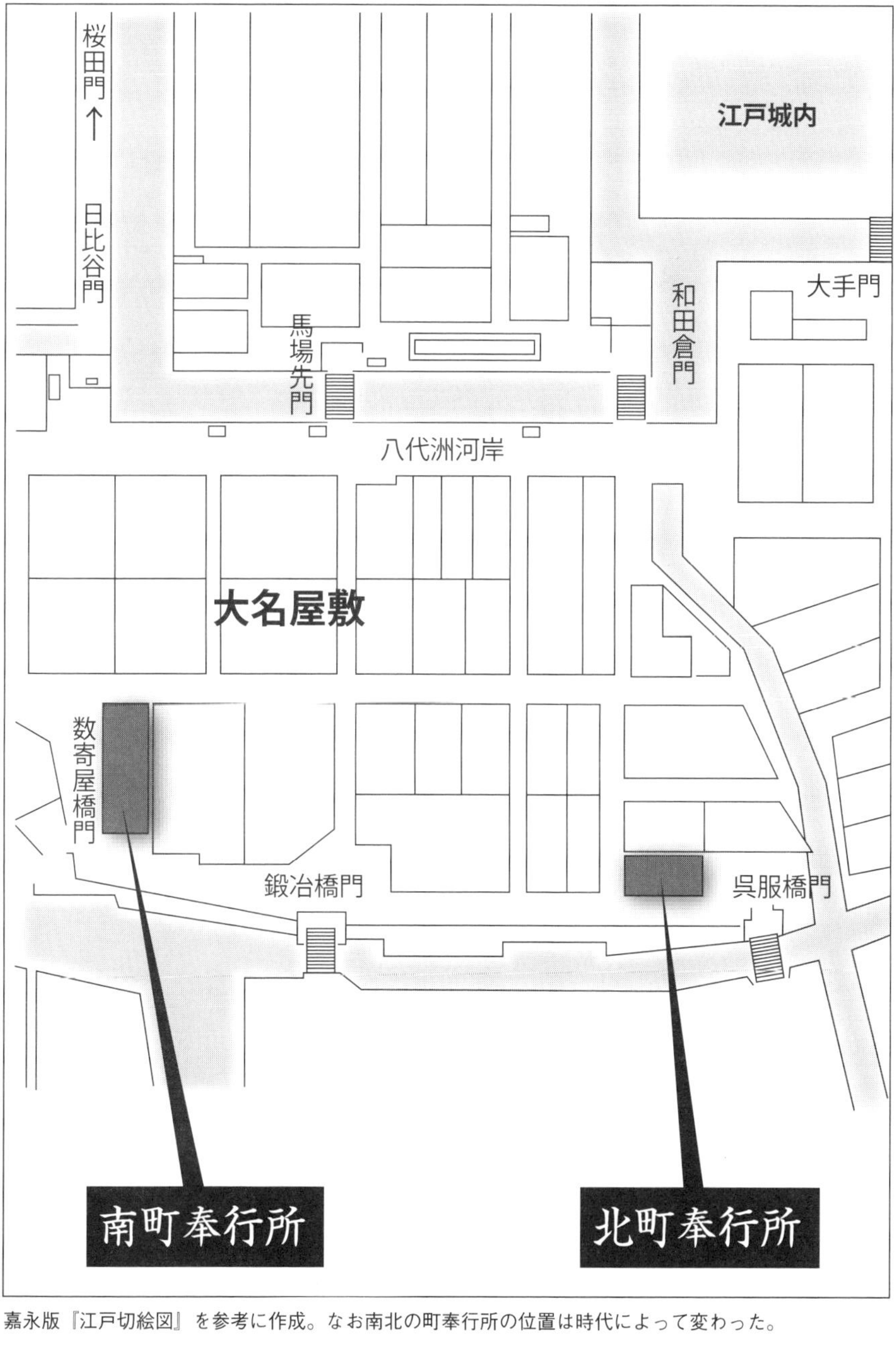

桜田門
日比谷門
江戸城内
大手門
和田倉門
馬場先門
八代洲河岸
大名屋敷
数寄屋橋門
鍛冶橋門
呉服橋門
南町奉行所
北町奉行所

嘉永版『江戸切絵図』を参考に作成。なお南北の町奉行所の位置は時代によって変わった。

◉町奉行のしくみ◉

町奉行は在職中の死亡者が多かった！

町奉行は老中の支配に属し、はじめは、万石以上の大名が任命されていたが、次第に旗本のなかから適任者が選ばれるようになった。旗本が就ける最高職である。しかし、その任務は広範囲にわたっており、幕府役職のなかでもっとも激務であったと言える。江戸時代を通じて一六人の町奉行が在職中に死亡している。その多くは異常な激務が大いに影響していると考えられている。

町奉行の職務

- 江戸府内の町人及び囚獄（伝馬町の牢屋奉行）の支配
- 養生所の役人や江戸町役人などの支配
- 火事の際の消防の指揮及び火付盗賊の吟味
- 道路、橋、上水の整備

※江戸の行政、司法、警察の事務全てを行なっていた。

町奉行の服装

column

容疑者への壮絶すぎる拷問

江戸時代、自白させるため容疑者に対して拷問が行なわれていた。拷問にはむち打、石抱、海老責、釣責の４つがあり、その苦痛はたいへんなものだった。最初はむち打で、白状しないと石抱、海老責が科せられ、それでも白状しないと最後は釣責。なお幕府は釣責だけを拷問と呼び、他の３つは牢問（ろうとい）と呼んでいた。

町奉行のハードワーク

…であるからして、警備の充実を図るには、まずは人員の補充が必要です。そのためには財源を…ペラペラペラ
その方は江戸払の刑に処す！
ゼー
ゼー
その方は入墨の刑に…
グルグル
…これは、登城の際に報告して…これは書類を作り直し…
フラ
フラ
……
激務で知られる町奉行は、こうして在職中に過労死する率が非常に高かった

◉町奉行のしくみ◉

スリはスリとわかる身なりをしていた!?

スリの身なり

さらし木綿の手ぬぐいを肩にかける（もしくは腰にはさむ）。
黒琥珀の帯をしめている。
青梅縞の秩父絹を裏地にした布子を着用。
紺の筒長の足袋を着用。
雪駄をはいている。

江戸には、掏摸《すり》（巾着切り）が大勢いた。掏摸は人の懐から財布などを盗み取るのが仕事。目立たない恰好をしたほうが仕事がしやすいはずである。

ところが掏摸はその稼業がわかる服装をしていた。彼らは盗み取る技に誇りを持っていたため、掏摸であることを隠さず、明らかに掏摸とわかる格好をしていた。ちなみに掏摸は三〇歳まで。通常この歳までに足を洗うか、捕まって死罪になった。

column

旗本奴と町奴のかぶき者

江戸時代初期、異様な服装・行動を誇示する「かぶき者」と呼ばれた男たちが横行した。その典型が旗本奴と町奴で、彼らは男伊達を競って徒党を組み、江戸市中を徘徊し、しばしば喧嘩におよんだ。町奴の幡随院長兵衛が旗本奴の水野十郎左衛門に殺害された事件はよく知られている。

スリの英才教育

どうした、もうお終《しま》いかっ！
ぐすっぐすっ
そんな半端な気持ちで、一人前のスリになれると思っているのか！ 続けるんだ！
ぐっ
ググググ
…エイヤ〜！
ザッ
そうだ！いいぞ！あと二〇回！
ザッ ザッ
アホー アホー

厳罰が基本の江戸時代
犯罪と刑罰

盗みで死刑！
親に刃向かい死刑！

◆一〇両以上盗んだら死刑

江戸時代の刑罰は現代と比べてかなり厳しかった。たとえば一〇両以上盗んだら、打ち首に処される。一〇両を現代のお金に換算すると、一〇〇万円である（一両を一〇万円として）。それくらいの額でも、盗んで見つかれば死刑になった。ちなみに一〇両以上とは、何度か盗みをして、その額が合計一〇両になった場合でも、その時点で死刑になるということである。

路上で人をつかまえ、衣類をはぎ取ったり、懐中物を盗んだりする行為を、江戸時代では追《おい》剥《は》ぎといった。いわゆるひったくりである。この場合、引き回しのうえ獄門に処された。

◆主人・親を傷つけたら磔刑

江戸は火事が多発した町だった。その原因は放火が多かった。幕府は放火に対しては厳罰を科した。火をつけた者は火焙《ひあぶ》りとなり、燃え上がらないうちに捕えられた場合でも引き回しのうえ死罪。人にそそのかされて放火した場合も死罪で、そそのかしたほうは火焙り。盗み目的の放火はとくに重罪であった。日本橋・両国橋などで晒し者にされてから火焙りに処された。

主人殺し、親殺しを合わせて逆罪といったが、それらも重罪だった。主人殺しは親殺しより罪が重く、二日引き回された後、二日晒され、そして鋸《のこぎり》挽《び》きのうえ磔《はりつけ》に処された。親殺しは、引き回しのうえ磔である。また、主人、親に対しては傷つけても磔、切りかかり打ちかかるだけで死罪となった。主人殺し、親殺しは、幕府への反逆行為や関所破りとともに、凶悪犯として人相書が出された。

❖さまざまな刑罰❖

入墨刑
罪を犯した地方によって、墨の文様が異なった。『徳川刑罰図譜』より

敲(たた)き刑
武士、僧侶、神官、婦人には行なわれなかった。『徳川刑罰図譜』より

引き回し
一種の恥辱刑で、死罪の付加刑として執行されることがあった。『徳川刑罰図譜』より

斬罪
打ち首の役人は牢屋同心が務める規定であった。『徳川刑罰図譜』より

鋸挽き刑
最も残酷な刑であり、主殺し以上、大逆罪に適用された。ただし、江戸時代には恥辱刑としての形式のみで実際に挽き切られた例はなく、最後は磔にされた。『徳川刑罰図譜』より

磔刑
磔にされた罪人は、穂先の長い槍で貫かれた。『徳川刑罰図譜』より

◉犯罪と刑罰◉

義賊・鼠小僧の虚像と実像

鼠小僧次郎吉の立回り

義賊として描かれた鼠小僧。同心たちを相手に大立ち回りを演じている。
『踊形容外題尽 鼠小紋東君新形桶の口の場』（国立国会図書館蔵）より

約一〇〇年のあいだに、武家屋敷九八か所に一二二回にわたって忍び込み、盗んだ金は三〇〇〇両あまり。天保三年（一八三二）に捕まり、引き回しのうえ、小塚原で獄門にかけられた男と言えば、ご存じ、鼠《ねずみ》小僧次郎吉《こぞうじろきち》である。

彼は、裕福な屋敷にのみ忍び込み、盗んだ金は貧しい人々に施していたという美しいエピソードで知られているが、これは全くのつくり話である。北町奉行所の吟味方与力が取り調べにあたったが、盗んだ金は自分の酒食・遊興・博打のために使っていたのであった。義賊というイメージが一人歩きをはじめたのは、後世の小説や講談などによってそうした創作がなされたためであった。

鼠小僧の墓石の意外な御利益

しかし、何で俺たちはこうも博打に弱いのかね
それが分かれば負けてねえよ
あ〜あ、鼠小僧でもいればなぁ…あ、いいこと思いついたぜ!
まさか、盗みに入ろうってんじゃねえだろうな…
いいから、ついてこいよ。博打に勝てるようになるかもよ
…おい、音立てるんじゃねえぞ
ホントかよ、鼠小僧の墓石持っていれば博打に負けねえって
カーン
カーン
当時、「鼠小僧の墓石を持っていれば博打に勝てる」という噂が広まった。現在、墓石はすっかり砕かれてしまっている

◉犯罪と刑罰◉

銭形平次はどんな仕事をしていたのか

借金取りの様子

通帳を開き直談判する借金取り。岡っ引が副業として借金取りをしていることもあった。『太平記万八講釈』(早稲田大学図書館蔵)より

幕末期、江戸の南・北奉行所には、同心の手下として働く岡っ引が、合わせて四〇〇人近くもいた。テレビでおなじみの『銭形《ぜにがた》平次《へいじ》捕物控《とりものひかえ》』(野《の》村《むら》胡《こ》堂《どう》作、全三八三編)の主人公、銭形平次。その職業が岡っ引であった。

岡っ引は目明し、御用聞などとも呼ばれ、町奉行所の同心が私的に雇っていた者たちのこと。その手先となって犯罪捜査や、犯人の捕縛にあたった。銭形平次は人間味豊かな人物として描かれている。だが、岡っ引にはその地位を利用して、騙《かた》り、ゆすり、強迫などをする者が非常に多く、岡っ引使用禁止令が何度も出されたほどだった。ちなみに銭形平次自体、架空の人物である。

❖銭形平次（岡っ引）の服装❖

銭形平次のシンボルだが、実際に「投げ銭」を持っていた岡っ引はいない。

実戦用の十手。同心が持っていた十手と違い、持ち手のところに房が付いていなかった。

こちらも動きやすさのため、武士用の股引を着用。

捕り物の際は、動きやすさを重視して半切れの胴衣を着用。

足元は草鞋で固める。

◉犯罪と刑罰◉

鬼平の仕事「火付盗賊改」とは!?

拷問の様子

釣責の拷問。両手を背後で縛り、天井の梁などに吊り下げられた。こうした仕事は火付盗賊改が行なっていた。『造栄桜叢紙』より

火付盗賊改の仕事風景

尋問をする火付盗賊改役。容赦なく捕縛して自ら裁決も行なっていた。同職は俗に「加役」とも呼ばれた。『江戸と東京実見録』より

池《いけ》波《なみ》正《しょう》太《た》郎《ろう》の『鬼《おに》平《へい》犯《はん》科《か》帳《ちょう》』シリーズの主人公、「鬼の平蔵」こと長《は》谷《せ》川《がわ》平《へい》蔵《ぞう》宣《のぶ》以《ため》は、火《ひ》付《つけ》盗《とう》賊《ぞく》改《あらため》として活躍した実在の人物である。天明七年(一七八七)、四三歳のとき、平蔵はその役についている。

火付盗賊改とは、江戸市中を巡回し、放火・盗賊・賭博の取り締まりを担当する職で、先手《さきて》頭《がしら》や持頭《もちがしら》などが兼務していた。町奉行所に協力する立場にあり、逮捕した犯人はすみやかに町奉行所に引き渡すのが通例だが、火付盗賊改を勤めた者の多くは、自邸に白洲・仮牢《かりろう》を設け、拷問にかけて吟味していたという。海老責《えびぜめ》という拷問方法がある。これは、火付盗賊改の中山《なかやま》勘解由《かげゆ》の考案によるものと伝えられている。

❖長谷川平蔵（火付盗賊改）の服装❖

捕り物の際は陣笠を着用。
羽織の背中が割れた打裂羽織。刀を差しても背中がつっぱらない。
指揮用の十手。捕り物を指揮する立場のため、実戦で使うわけではない。
ある程度の動きやすさを求められるため半袴を着用。

大都市が経験した未曾有の災害
火事・地震・飢饉

江戸の火災総数は一五〇〇件以上！

◈「火事と喧嘩は江戸の華」

江戸時代における災害をランクづけした『聖代《ゆるがぬみよ》要《かなめ》廼《の》磐寿《いしず》恵《え》』という番付がある。安政二年（一八五五）の江戸大地震後に発刊されたもので、上段の一位から八位までは江戸の火事が独占している。「火事と喧嘩は江戸の華」――江戸は火災都市でもあった。江戸時代を通じて、江戸市中で確認されただけでも、大小合わせて一七九八件もの火災が発生している。木造の建物が密集していた江戸では、ひとたび火事が発生すると、大火に発展することが多かった。

◈「地震・雷・火事・親父」

恐ろしいものの筆頭にあげられている地震。『聖代要廼磐寿恵』では、西の方に「地震」がランクづけされ、文政一一年（一八二八）の越後大地震、弘化四年（一八四七）の信濃大地震、元禄一六年（一七〇三）の関八州大地震などが上位にランクインしている。安政二年（一八五五）の江戸大地震はあまりに大きな被害をもたらしたため、この番付では特別扱いされ、行司欄に位置している。また、江戸では洪水もよく起きた。『聖代要廼磐寿恵』には大洪水が一二位までランクづけされているが、一〇位と一一位に江戸の大洪水が入っている。

◈飢饉・打ちこわし

江戸時代には凶作による飢饉が何度も起きている。享保・天明・天保の三大飢饉は特に有名。天明の大飢饉のとき米価高騰を背景に、天明七年（一七八七）五月、江戸をはじめ各都市で打ちこわしが多発。江戸では五〇〇〇人が打ちこわしに参加し、多くの米屋が被害を受けた。幕府は大手門外に御《お》救《すくい》小屋を設け、窮民を救済した。

『聖代要廼磐寿恵』

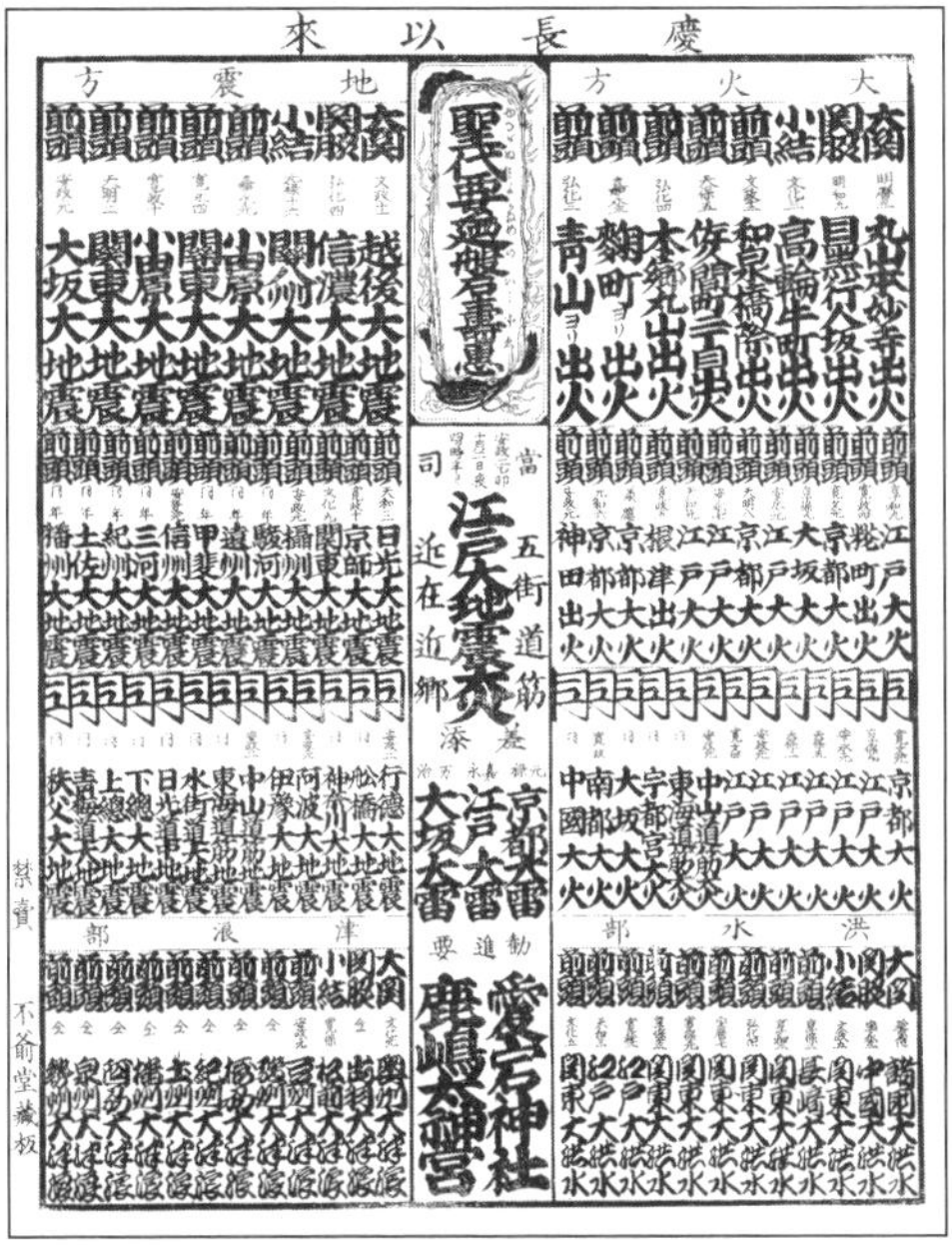

安政二年の大地震を経て製作された災害番付。地震方の大関には「越後大地震」が、大火方の大関には「丸山本妙寺出火」（明暦の大火）が見える。『聖代要廼磐寿恵』より

八百屋お七

天和二年の大火で焼け出されたお七は、避難先で寺小姓に一目惚れ。火事になればまた会えると思って放火したが、捕らえられて火刑に処された。『松竹梅湯島掛額』（国立国会図書館蔵）より

火の見櫓

中央に見えるのが馬喰町馬場にあった火の見櫓。『名所江戸百景　馬喰町初音の馬場』（国立国会図書館蔵）より

明暦の大火

江戸で発生した火事で最大のものは、明暦三年（一六五七）の「明暦の大火」。一月一八日午後二時ごろ、本郷丸山の本妙《ほんみょう》寺から出火。乾燥していた上におりからの強風にあおられ、二〇日の朝まで燃え続け、江戸の大半が焼失した。大名屋敷一六〇余、旗本屋敷七七〇余、寺社三五〇余、民家四万八〇〇〇戸が灰になり、死者は一〇万人を超えた。この大火で江戸城天守閣も焼け落ちた。

明暦の大火の様子

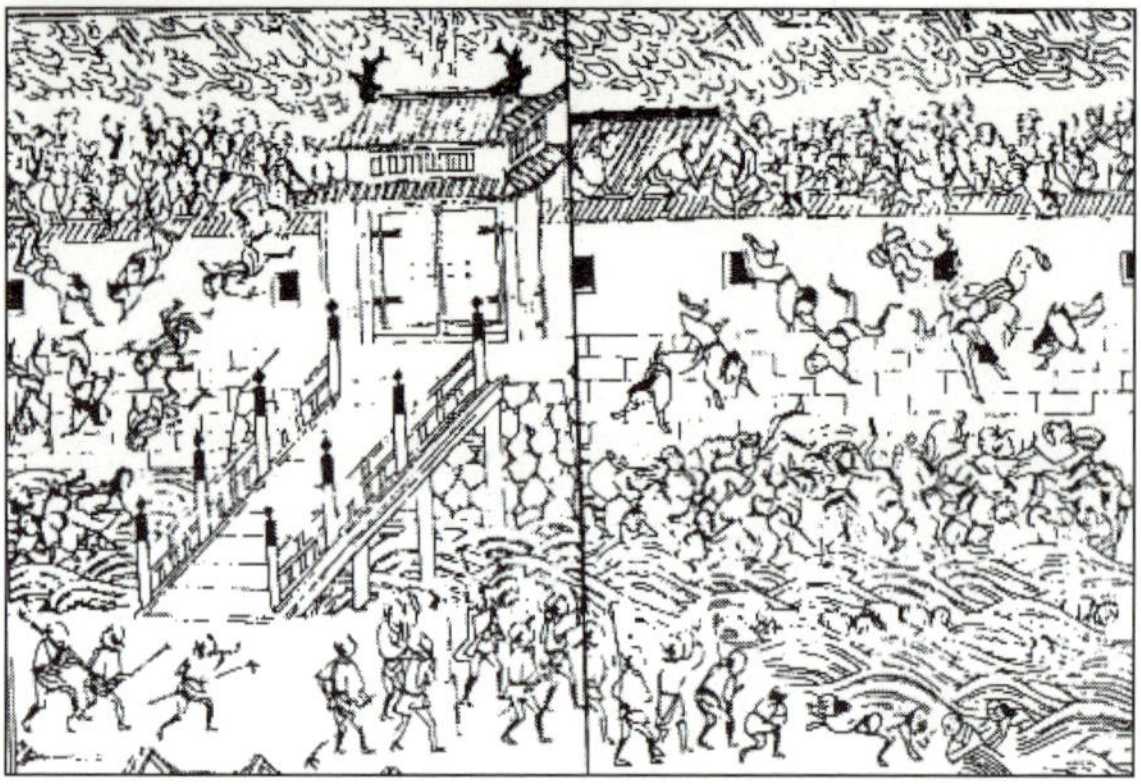

約二万三〇〇〇人が焼死した浅草門の様子。『むさしあぶみ』より

火消しの道具

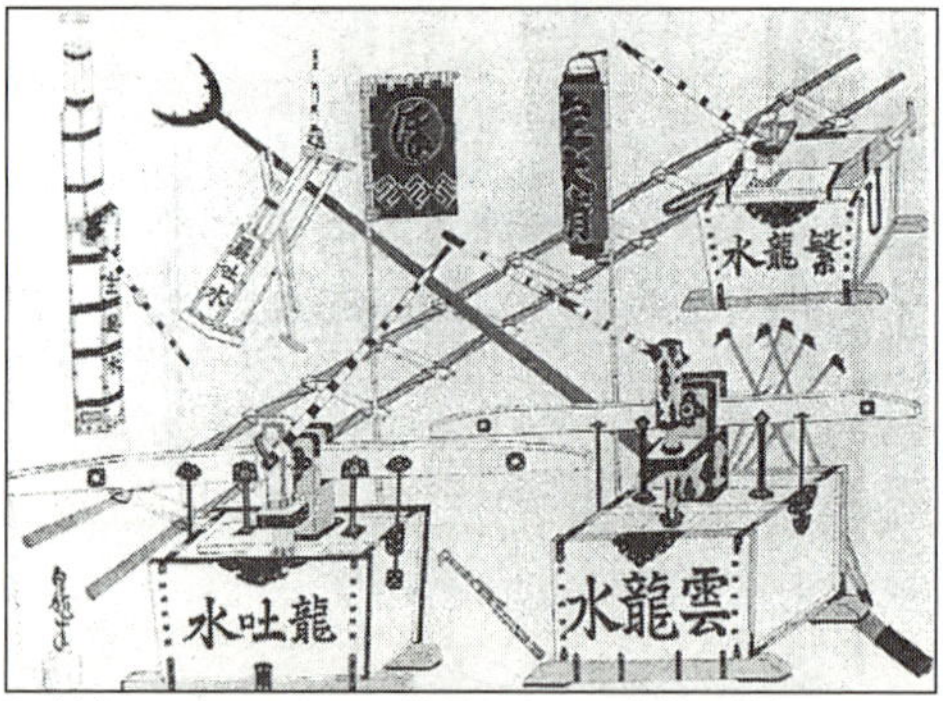

町火消したちはこうした道具をもって火災に対処した。しかし本格的な火災になるとこうした道具ではどうにもならなかった。『火の用心いろはかるた』より

column

火事でも吉原は営業中

江戸ではたびたび火事が発生し、吉原遊廓も何度も火事に見舞われている。しかし、遊廓の建物が燃えてしまっても営業は続けていた。建物が燃えてなくなると、別の場所に移って仮営業した。この仮の遊女屋を仮宅（かりたく）といい、料金が安く手軽に遊べたので、人気を集め、仮宅営業は大いに繁盛した。

❖大火に向かう火消したち❖

火事になると町火消しや大名火消しが消火活動に当たった。しかし、実際は家屋を崩して火の勢いを止めることしかできなかった。

安政の大地震

地震後の火災

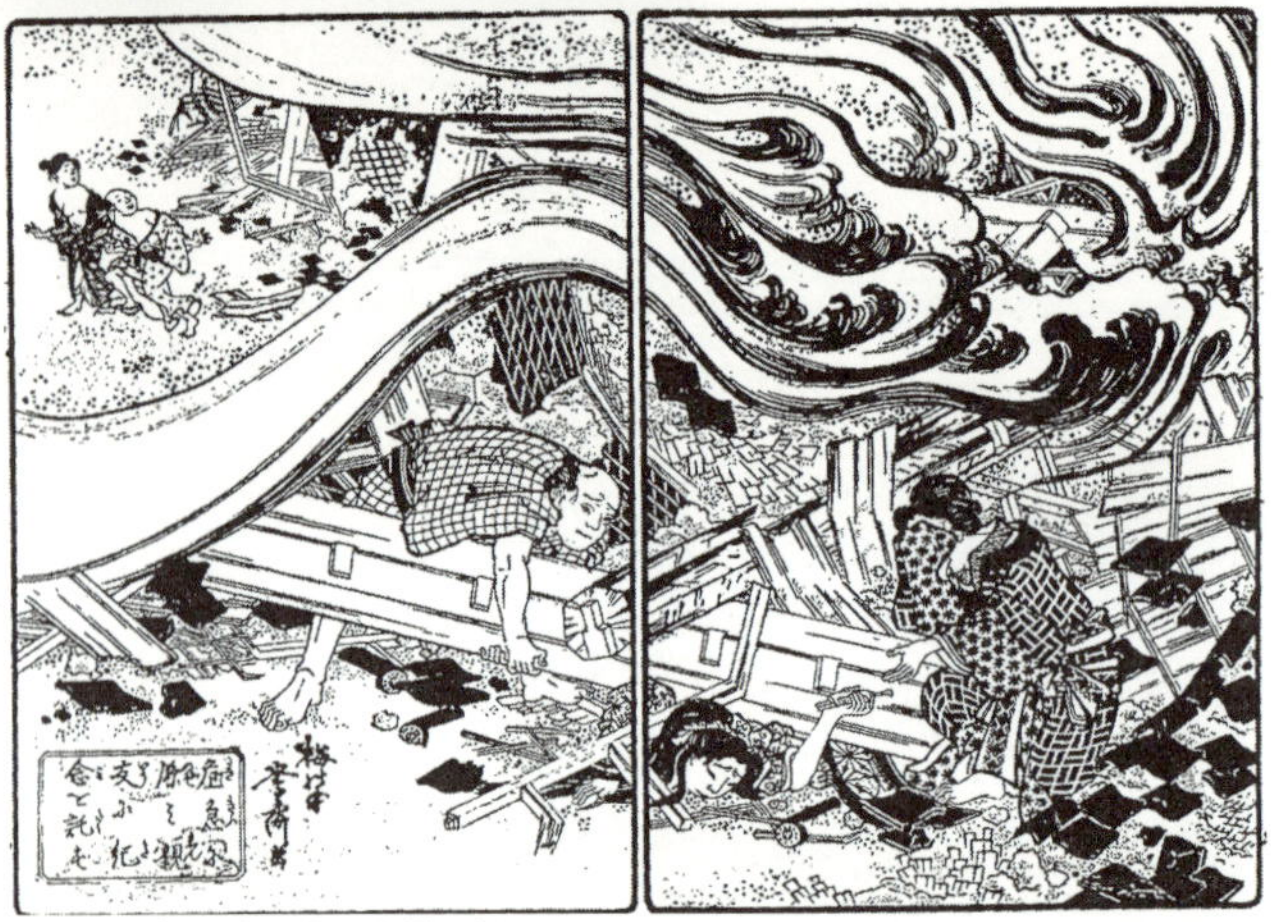

大きな商家が地震後の火災で燃え尽きようとしている。暖房はこたつや火鉢だったため、冬の地震ではそこかしこから火の手が上がった。『安政見聞録』（早稲田大学図書館蔵）より

『焼死大法会図』

地震後の火災で焼死した者たちにお坊さんがお経を上げている。『江戸大地震之絵図 焼死大法会図』（国立国会図書館蔵）より

安政二年（一八五五）一〇月二日の午後一〇時ごろ、マグニチュード六・九の直下型地震が江戸を襲った。震源地は荒川河口付近である。地震直後、三十数か所から火の手があがり、倒壊した家屋をのみ込みながら翌日明け方まで燃え続けた。吉原では廓がほとんど焼失し、多くの客と遊女が炎に包まれ、焼死した。この地震による死者は町方で約四三〇〇人、武家方で約二六〇〇人とされている。その多くは家屋の倒壊による死者だった。水戸藩士で思想家の藤《ふじ》田《た》東湖《とうこ》もこの地震で圧死した。

当時、鯰《なまず》が地震を起こすという俗信があった。そのため、地震後、多色摺り大判版画の鯰絵が大流行した。

❖安政の大地震で逃げまどう人々❖

地震の場合、直後に火災が発生するケースが多く、焼死する人々も多かった。

第七章 江戸城内のしくみ

江戸の中心でありシンボルでもある江戸城。そこへ通う武士たちの過酷な実態や、謎に包まれた大奥の世界を覗いてみる。

しきたりだらけの江戸城内

江戸城登城の大名たち

大名行列を見るのは江戸っ子の楽しみ

◈大名は行列を仕立てて登城

「元日の登城えほーと声をかけ」という川柳がある。当時、江戸では正月の一日と二日に、華やかな光景を目にすることができた。その光景とは大名たちの行列。冒頭の川柳の「えほー」は、大名行列の先払いの声で、町々で掛け声をとどろかせながら、行列が行き来する。こうした光景は正月の風物詩でもあった。

参勤交代によって江戸にやってきた諸大名は決められた日に江戸城へ登城し、将軍に謁見しなければならなかった。毎月一日と一五日、これが定例の登城日で、このほか、年始、五節句、八朔《はっさく》（八月一日）なども、登城が義務付けられていた。

◈大名の登城と「下馬評」

大名たちは行列を組んで登城した。参勤交代の行列に比べると、その人数は少なかったが、それでも五〇人から一〇〇人くらいの規模になる。人数が多いと往来の邪魔になるため、場合によっては行列を二つ、三つに分断し、間をあけて行進することもあった。大名たちのこうした行列を見ることは、江戸の人々の楽しみの一つだった。

大名の登城には大手門と内桜田門が使われ、その門橋の前に「下馬」と書かれた札があった。乗輿《じょうよ》以下の格の大名はここで馬や駕籠《かご》から降りた。また多くの大名は「下馬」の先、すなわち下馬先に、供の大半を待たせた。そこで登城日には下馬先は供の者たちであふれかえった。彼らは主君の帰りを待ちながら、いろいろ噂や評判をした。現代でも用いられている「下馬評」という言葉は、ここから生まれたとも言われている。

将軍への拝謁

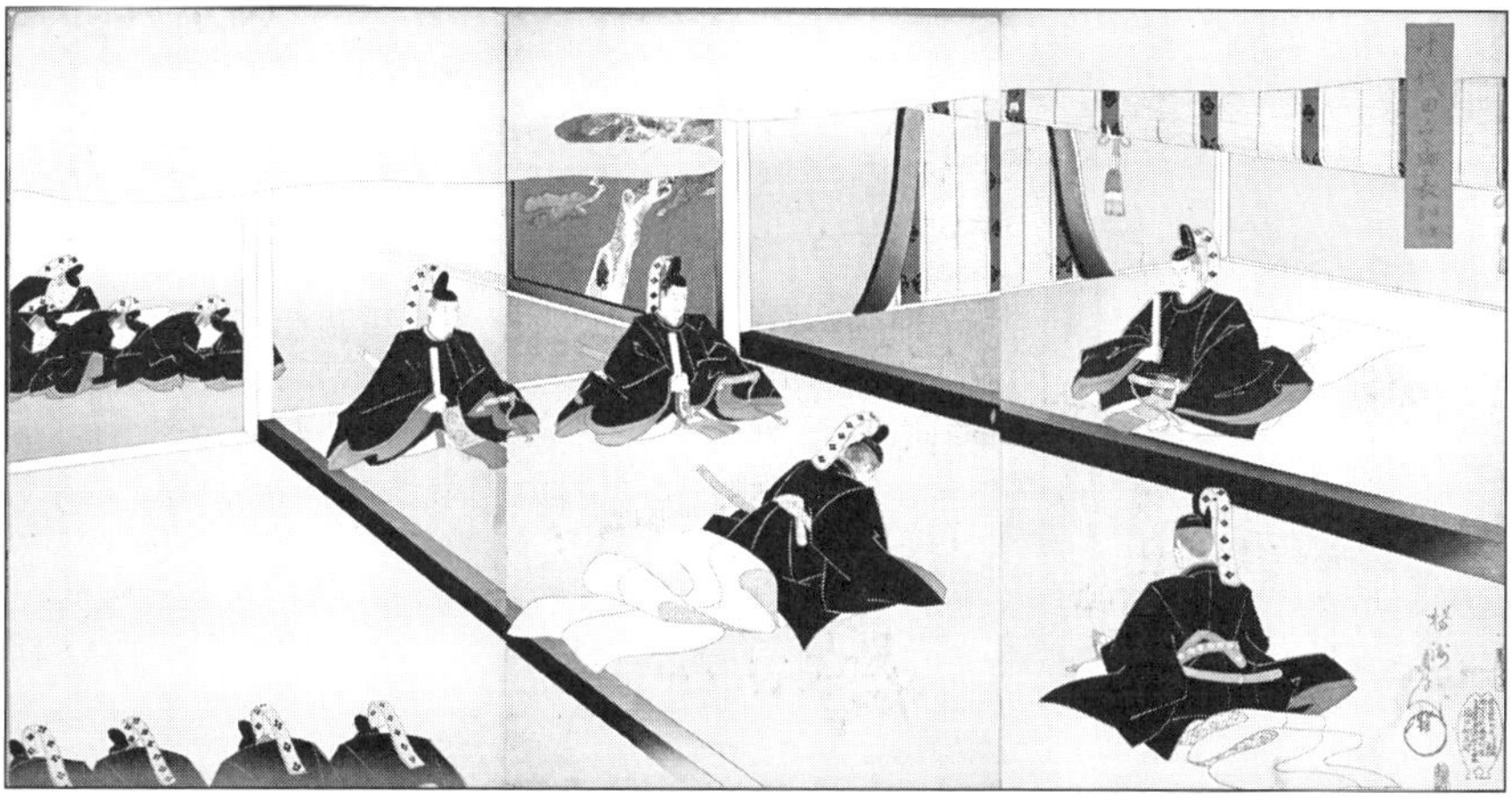

将軍への拝謁は身分によって、単独での謁見や複数名での謁見など分かれていた。『千代田之御表　将軍宣下』（国立国会図書館蔵）より

江戸城の玄関前

年始の一斉登城時の江戸城玄関前。城内に上がれるのは一部の者のみだった。『千代田之御表　正月元日諸侯登城御玄関前之図』（国立国会図書館蔵）より

◉江戸城登城の大名たち◉

江戸城登城のしきたりとは!?

大名行列の様子

紀の国坂を粛々と進む大名行列。『名所江戸百景・紀の国坂赤坂溜池遠景』（国立国会図書館蔵）より

城内に入れる供の人数

下馬先から下乗所まで	侍……6人 駕籠かき……4人 挟み箱持ち……2人 草履とり……1人
下乗所から御殿玄関まで	侍……3人 挟み箱持ち……1人 草履とり……1人

※上記は10万石以上の国持大名の場合。この人数も地位によって変わる。

大名の江戸城登城には数多くのしきたりが存在した。たとえば、乗輿以上の大名は城内の下《げ》乗《じょう》所《しょ》まで乗物に乗っていくことができるが、乗輿以下の格の大名は下馬先で馬や駕籠から降りなければならない。また、城内に入れる供の人数も家格によって厳密に規定されていた。大名たちが江戸城に登城する場合は、こうしたやたら細かいしきたりを遵守しなければならなかった。

本丸御殿には大名は一人でしか入れなかった。城内には大名の控え室（詰所）が用意されており、大廊下、溜《たまり》の間《ま》、大広間、帝鑑《ていかん》の間、柳の間、雁の間、菊の間など、全部で七種類あったが、これも家格によって区別されていた。

❖江戸城の平面図❖

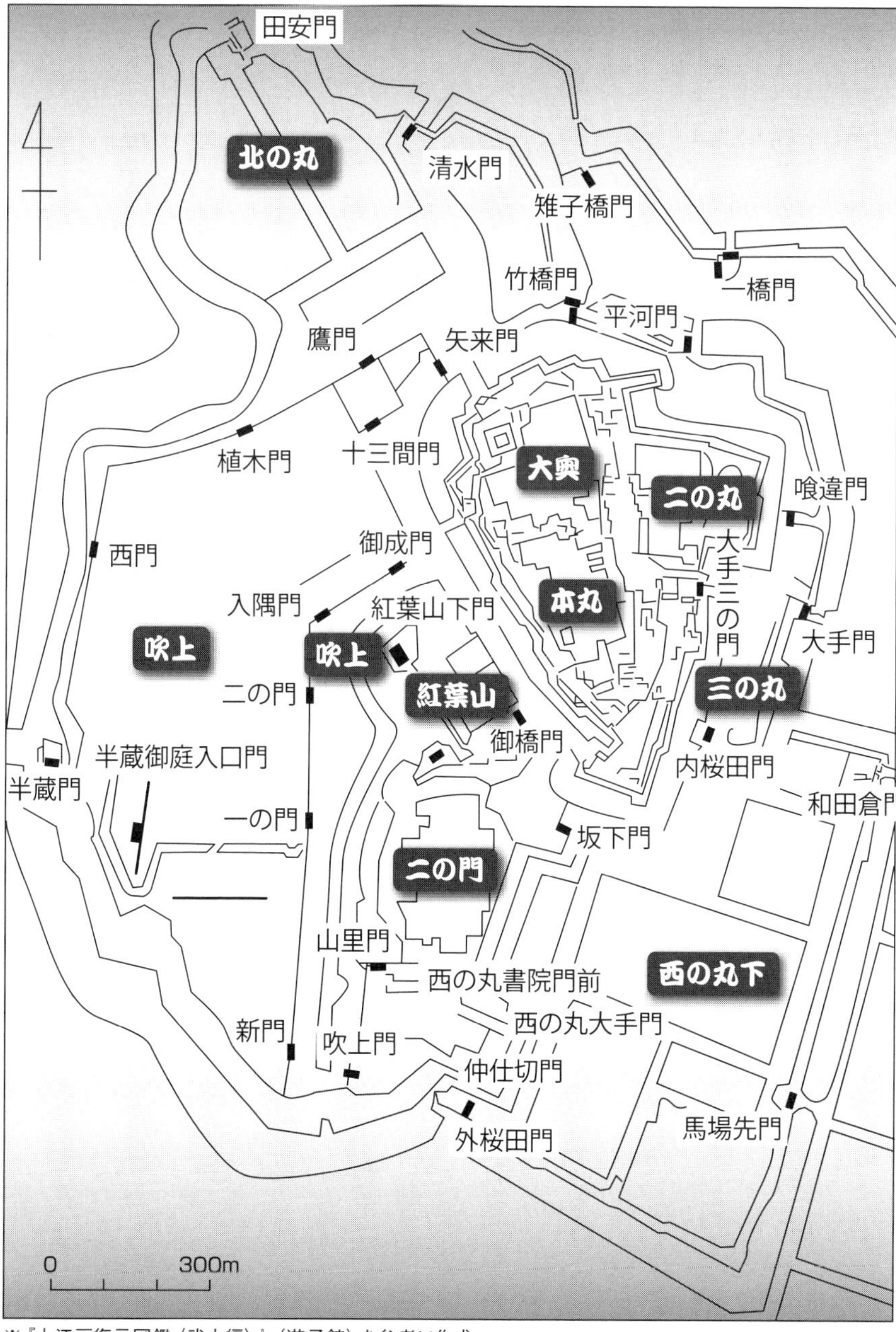

田安門
北の丸
清水門
雉子橋門
竹橋門
一橋門
平河門
鷹門
矢来門
植木門
十三間門
大奥
二の丸
喰違門
西門
御成門
大手三の門
本丸
入隅門
紅葉山下門
大手門
吹上
吹上
二の門
紅葉山
三の丸
御橋門
半蔵御庭入口門
半蔵門
内桜田門
和田倉門
一の門
坂下門
二の門
山里門
西の丸書院門前
西の丸下
西の丸大手門
新門
吹上門
仲仕切門
馬場先門
外桜田門
0
300m

※『大江戸復元図鑑〈武士編〉』（遊子館）を参考に作成
本丸大手門と内桜田門が下馬先、大手三の門の手前あたりが下乗所となっている。これより先に駕籠を進められるのは、御三家だけであった。

◉江戸城登城の大名たち◉

参勤交代の費用はどれくらい!?

参勤交代の経費（因幡鳥取藩の例）

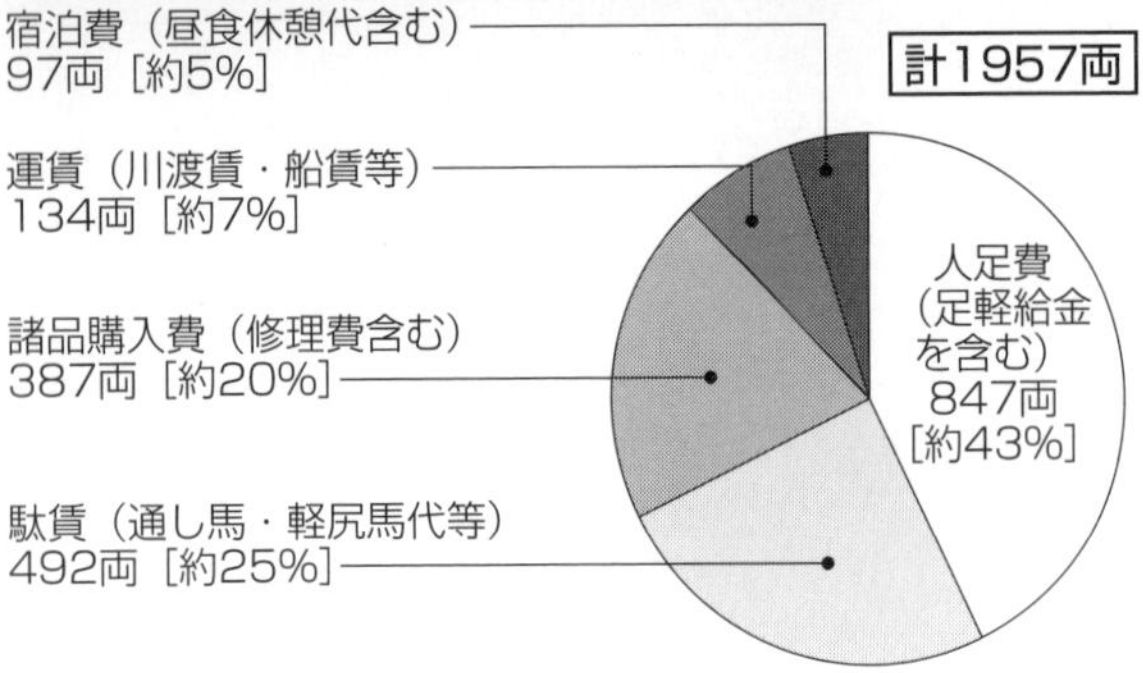
計1957両
宿泊費（昼食休憩代含む）
97両［約5%］
運賃（川渡賃・船賃等）
134両［約7%］
諸品購入費（修理費含む）
387両［約20%］
駄賃（通し馬・軽尻馬代等）
492両［約25%］
人足費
（足軽給金
を含む）
847両
［約43%］

グラフは文化9年（1812）、因幡鳥取藩の帰国時の経費。『鳥取藩史』を参考に作成

参勤交代従者数の幕府指針

	馬上	足軽	中間人足
1万石	3～4騎	20人	30人
5万石	7騎	60人	100人
10万石	10騎	80人	140～150人
20万石	15～20騎	120～130人	250～300人

※享保6年（1721）10月の指針。『御触書寛保集成』をもとに作成

全国一の石高を誇る加賀一〇〇万石の前田家。その参勤交代は、盛大な大名行列で知られていた。五代藩主綱紀《つなのり》のときなどは、その人数は四〇〇〇人にものぼったという。前田家の例は極端だが、通常、一〇万石以下の中小藩は行列の人数は一五〇～三〇〇人だった。

参勤交代は非常にお金がかかる。そのため、各藩とも金策に苦労しなければならなかった。道中、旅費が底をついてしまい、金の工面ができるまで行列をストップしたという藩もあった。

参勤交代による道中の費用と江戸での生活費は莫大な額になり、各藩にとって悩みの種であった。大きな負担として藩の財政を圧迫した。

❖参勤交代の様子❖

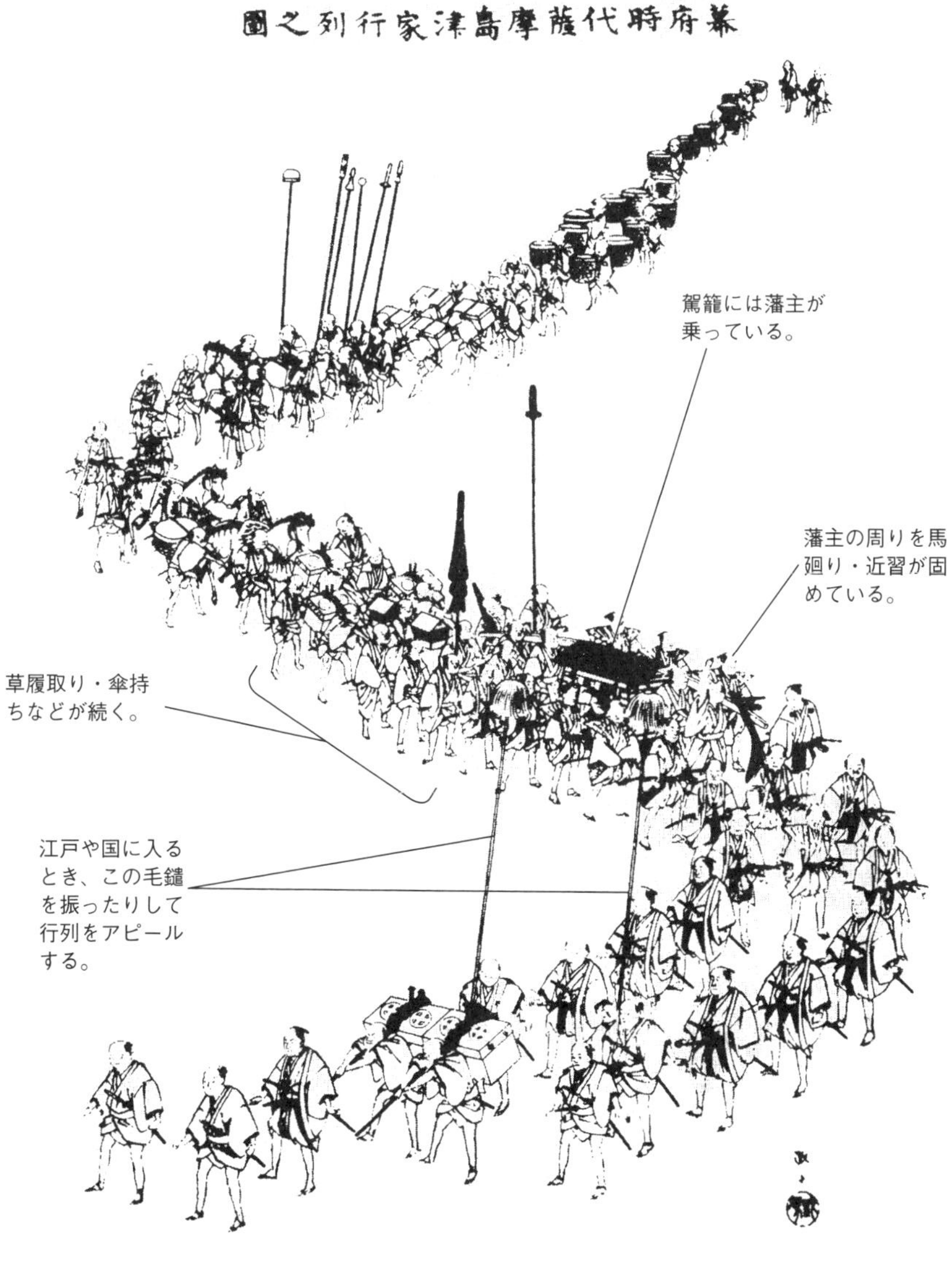
幕府時代薩摩島津家行列之圖
駕籠には藩主が
乗っている。
藩主の周りを馬
廻り・近習が固
めている。
草履取り・傘持
ちなどが続く。
江戸や国に入る
とき、この毛鑓
を振ったりして
行列をアピール
する。

飾鞘の付いた槍の形状や本数、長刀などの特徴で、各家の行列は見分けられた。図の島津家の行列は、槍を乗り物の前に２本、後ろに１本立てる「三本道具」が特徴的。『風俗画報』より

女性のみの異世界
大奥の迷宮

大奥の面積は、本丸の半分以上を占めていた！

◆広大な大奥の面積

江戸城本丸はその用途によって、表・中奥・大奥の三つに分かれていた。表は将軍の謁見などの公的な儀式・行事と幕府政庁の場。中奥は将軍の日常生活の場で、ここで政務もとった。その奥にある大奥は御台所《みだいどころ》（将軍正室）、側室、奥女中などが生活する場。御台所の住居である御殿向《ごてんむき》、奥女中が起居する長《なが》局向《つぼねむき》、大奥の警備や事務を担当する役人の詰所がある広敷向《ひろしきむき》の三つに区分されていた。

江戸城本丸の総建坪は弘化二年（一八四五）の再建時には、一万一〇〇六坪あった。そのうち大奥は六三一八坪を占有し、表・中奥を合わせた面積よりも広かった。本丸の半分以上を大奥が占めていたのである。

◆大奥の美女の数

大奥には女性が何人くらいいたのか。俗に「後宮三〇〇〇人の美女」といわれるが、それはかなり誇張された数字。一四代将軍家茂《いえもち》のとき、将軍付き女中、御台所付き女中、実成院《じつじょういん》（家茂の生母）付き女中など、合わせて四〇〇人ほど。これは幕府から給料をもらっている者たちで、上級の奥女中は各数人ずつ女性を雇っていたのでそれも含めると、大奥の女性の数は七〇〇〜八〇〇人と推測される。

◆城外への外出は制限

奥女中の外出は制限されていた。お目見以上の者は外出の機会はほとんどなかったが、お目見以下の者には、親元や宿元《やどもと》（身元保証人）の家へ帰る宿下《やどさ》がりが許されていた。しかし宿下がりができたのは、大奥に勤務して三年目に六日、六年目に一二日、九年目に一六日で、三年ごとに限られていた。

❖江戸城本丸の「表・中奥・大奥」の平面図❖

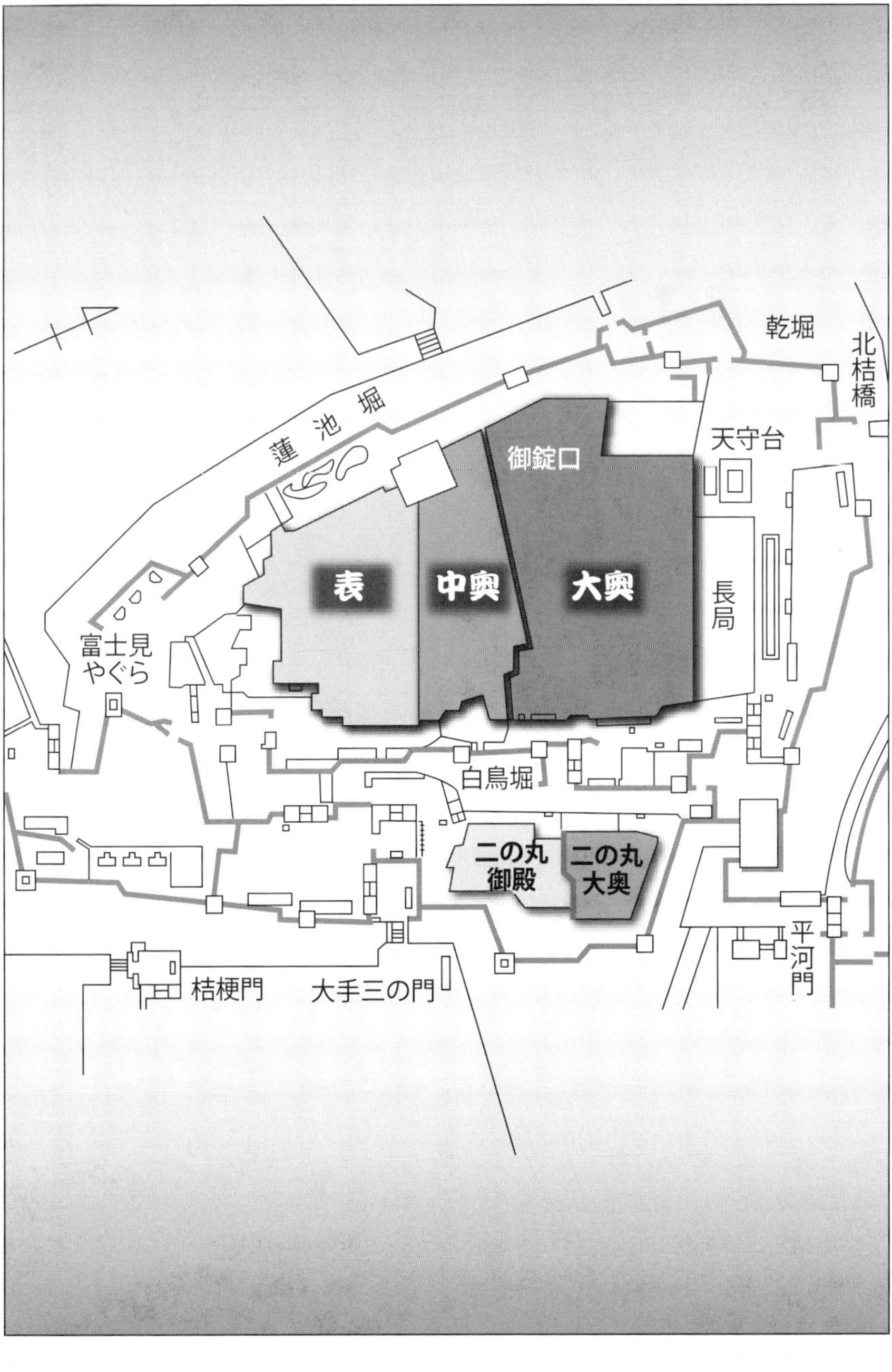

◉大奥の迷宮◉

大奥の職制

❖奥女中のドンチャン騒ぎ❖

大部屋住まいの奥女中たちは、御年寄のようなお偉方とは違い、ドンチャン騒ぎをすることもあった。正月節分（あるいは正月11日）の夜は、「新参舞（しんざんまい）」というイベントが行なわれ、新参の御末たちが上半身裸で踊ったり、古参の御末たちが桶の底などを叩いて囃し立てたりして夜を過ごした。

大奥に奉公する奥女中は厳しい上下関係によって成り立っていた。最高位の上臈御年寄《じょうろうおとしより》、老中に匹敵する奥女中第一の権力者の御年寄から、最下位の御末《おすえ》（御半下《おはした》）に至るまで、全部で二〇数種の階級に分けられていた。

この階級は、武家社会の男たちと同様の図式となっており、上臈御年寄から御広座敷《おひろざしき》までが将軍や御台所にお目通りが許される御目見以上で、その下から御末まではお目通りがかなわぬ御目見以下になる。上臈御年寄は公家出身者が多く、御三の間《おさんのま》は御目見以下ではあるが、御三の間以上は御目見以上の幕臣の娘から、それ以下は御目見以下の幕臣・町人・百姓などの娘から採用されていた。

❖大奥の職制❖

身分高い ↕ 身分低い

御目見以上

上臈御年寄
（じょうろうおとしより）
大奥の最高位。京都の公家出身者が多い。御台所の話し相手。

御年寄
（おとしより）
大奥の事実上の権力者で、奥の万事を差配し、表の老中に匹敵する。

中年寄
（ちゅうどしより）
御年寄の代理役。御台所のみに付く。

御客応答
（おきゃくあしらい）
将軍、御三家・御三卿（徳川一属）の接待役。

御中臈
（おちゅうろう）
将軍や御台所の身辺世話役。将軍付きの中から側室が選ばれる。

御小姓
（おこしょう）
御台所のお側に給仕し、煙草、手水の世話をする。

御錠口
（おじょうぐち）
中奥と大奥との堺(上ノ錠口)に詰めて中奥との取次ぎ役。

表使
（おもてづかい）
御年寄の指図を受けて、大奥一切の買い物を担当した。広敷役人と応接する。大奥の外交官。

御次
（おつぎ）
仏間、御道具等をつかさどる。催しの際には遊芸を披露した。

御右筆
（おゆうひつ）
日記、諸向への達書、諸家への書状をつかさどる。他家への進物をつかさどる。中年寄に準ずる。

御坊主
（おぼうず）
将軍付きの雑用係。この役のみ中奥に出入りできた。50歳前後の剃髪姿。

御切手書
（おきってがき）
七ッ口より出入りの人々を改める役。女中の親または親類が面会に来たとき、切手を渡して本人の部屋に通した。

呉服の間
（ごふくのま）
将軍・御台所の服装の裁縫をつかさどる。

御広座敷
（おひろざしき）
表使の下に付き、御三卿・諸大名の女使が登城した際、膳部などの世話をした。

御目見以下

御三の間
（おさんのま）
御台所の居間の掃除、湯水・火鉢・煙草盆を取り扱う。御年寄・中年寄・御客会釈・御中臈の雑用係。

御仲居
（おなかい）
御膳所に詰めて献立一切の煮焼きをつかさどる。

御火の番
（おひのばん）
昼夜を通して各局・女中の部屋を巡回し、火の元を注意する。

御使番
（おつかいばん）
御年寄の御代参のお供、文書・進物などを受けて御広敷に渡す役。

御末
（おすえ）
御半下ともいう。もっぱら雑用をつとめた。

大奥女中、その給料は!?

寛政年間（1789～1801年）の奥女中の給与（年収）

	(1)御切米	(2)御合力金	(3)御扶持	(4)薪等の現物	(5)五菜銀	(1)(2)(3)を合計
上臈御年寄	100石	100両	15人（男扶持7人、女扶持8人、約21.5石）	薪30束、炭20俵、湯の木50束、油7升2合	300匁	約221.5両
御年寄	50石	60両	10人（男扶持5人、女扶持5人、約14.6石）	薪20束、炭15俵、湯の木35束、油4升2合	200匁1分	約124.6両
御中臈	12石	40両	4人（男扶持1人、女扶持3人、約5.1石）	薪10束、炭6俵、湯の木19束、油3升	124匁2分	約57.1両
表使	12石	30両	3人（男扶持1人、女扶持2人、約4.0石）	薪10束、炭6俵、湯の木7束、油3升	124匁2分	約46.0両
御末	4石	2両	1人（女扶持1人、約1.1石）	薪3束、炭なし、湯の木2束、油6合	12匁	約7.1両

※寛政年間の資料を参考に作成

船遊びの様子

池に船を浮かべ、船遊びに興じる大奥の女性たち。『千代田之大奥　船あそび』（国立国会図書館蔵）より

奥女中はどのくらいの給料をもらっていたのか。彼女たちの給料（本給）は、お米によって支払われていた。それを切米《きりまい》という。そのほか、衣装代としての合力金《ごうりききん》、本人と使用人の食糧米としての扶持、燃料用の炭、薪、湯の木（風呂用薪）、照明用の油、そして味噌や塩を買うための五菜銀《ごさいぎん》なども支給され、これらを合わせたものが給料として支給された。

奥女中の諸手当は役職によって異なり、現代と同様、高い役職ほど多くもらえた。たとえば最高位の上臈御年寄は切米一〇〇石、合力金一〇〇両ほどもらっていた。米一石を一両、一両を一〇万円として換算すると、両方の合計は二〇〇〇万円にものぼることになる。

❖上臈・中臈の本式服❖

半模様の袷を着用。金銀色糸刺繍が施されている。
間着。白地のものや赤地のものを着用する。
垂髪にしているが、仕事や外出の際は支障をきたすため、髪を上げる。
扇子などを持っている。

身分によって本式服は異なった。また季節によっても違いがあった。

◉大奥の迷宮◉

大奥には陰湿なイジメがあった

かるたに興じる女性たち

大奥では、娯楽としてかるたや囲碁などを楽しむことが多かった。絵中の四人を見ると年齢層も幅広い。『千代田之大奥　かるた』（国立国会図書館蔵）より

御台所のお召し替え

将軍の正室・御台所は１日に５度も衣装を着替えるのが決まり。朝の入浴後、朝食後、お昼、夕方、寝る前。こうして身なりを整えておくのも、御台所の重要な役割だった。『千代田之大奥　お召しかへ』（国立国会図書館蔵）より

大奥は女だけの世界である。そこではイジメや女同士の陰湿な争いがけっこう起きていたようである。

こんな実例がある。身分の低い奥女中が将軍の目にとまり、中﨟に取り立てられた。さらに、寵愛を受けて将軍の子を身ごもるまでになると、この状況にほかの中﨟たちは嫉妬の炎を燃やしはじめ、身重の中﨟を散歩に誘ってわざとつまずかせた。彼女は腹を強く打ち、結局流産してしまったという。一一代将軍家斉《いえなり》の時代の話として、そんなのが伝わっている。陰湿なイジメの実態が分かる。また、大奥では、新入りいびりが盛んだったらしい。炉の灰に顔を押し付け灰だらけにするといったことが行なわれていたという。

大奥イジメの実態

キャ
キャ
あの小娘、どうやって上様をたぶらかしたのかしら
こらしめてやります？
しずしず
ジャマよ！ どいてどいて！
ドカ
きゃっ！ いたっ！
ジャー
池とお風呂の違いもわからないのかしら？
私にはとても…
イェイ！
大奥では陰湿なイジメが横行し、そのため自殺したり、逃げ出す者もいたという。

主な参考文献

『江戸学事典』西山松之助・南博・南和男・宮田登ほか編（弘文堂）
『江戸東京学事典』小木新造・陣内秀信・竹内誠ほか編（三省堂）
『近世風俗志（守貞謾稿）』宇佐見英機校訂（岩波書店）
『新版江戸名所図会』鈴木棠三・朝倉治彦校註（角川書店）
『三田村鳶魚全集』（中央公論社）
『ビジュアル・ワイド江戸時代館』竹内誠監修（小学館）
『時代考証事典』稲垣史生著（新人物往来社）
『ヴィジュアル百科　江戸事情』樋口清之監修（雄山閣出版）
『図解　江戸城をよむ』深井雅海著（原書房）
『図説　江戸町奉行所事典』笹間良彦著（柏書房）
『江戸の生業事典』渡辺信一郎著（東京堂出版）
『絵でよむ江戸のくらし風俗大事典』棚橋正博・村田裕司編著（柏書房）
『江戸の町奉行』南和男著（吉川弘文館）
『江戸町人の生活』岩井良衛監修（日本放送出版協会）
『大江戸リサイクル事情』石川英輔著（講談社）
『見世物研究』朝倉無声著（筑摩書房）
『図説　江戸の学び』市川寛明・石山秀和著（河出書房新社）
『江戸のガーデニング』青木宏一郎著（平凡社）
『図説　大江戸おもしろ商売』北嶋廣敏著（学習研究社）
『江戸人のしきたり』北嶋廣敏著（幻冬舎）

……ほか

図版協力

『絵でよむ江戸のくらし風俗大事典』棚橋正博・村田裕司編著（柏書房）
（P 24、39、43、45、56、64、72、77、78、87、89、93、94、101、103、106、116、129、138、143、148、154）
『絵図でさぐる武士の生活１～３』武士生活研究会編（柏書房）
（P 17、31、32、53、54、153、181）
『図説江戸町奉行所事典』笹間良彦著（柏書房）
（P 54、161）
『図録都市生活史事典』原田伴彦・芳賀登・森谷尅久・熊倉功夫編著（柏書房）
（P 109）
『番付で読む江戸時代』林英夫・青木美智男編集（柏書房）
（P 169）
『江戸の生業事典』渡辺信一郎著（東京堂出版）
『鯰絵 民族的想像力の世界』コルネリウス・アウエハント著（せりか書房）
『大江戸ものしり図鑑』花咲一男監修（主婦と生活社）
国立国会図書館
大川市清力美術館
玉川大学教育博物館
東北大学附属図書館
都立中央図書館
三井文庫
早稲田大学図書館
国際日本文化研究センター

北嶋廣敏（きたじま　ひろとし）

1948年、福岡県生まれ。早稲田大学文学部を卒業。文筆家。短歌の評論でデビュー。『江戸人のしきたり』『江戸の敵をなぜ長崎で討つのか』（ともに小社）、『図説 大江戸おもしろ商売』（学習研究社）、『江戸川柳で読む忠臣蔵物語』（グラフ社）、『食べる芭蕉―ものひとつ瓢はかろき』（太陽企画出版）、『語源の事典』（日本実業出版社）など、多数の著作がある。

装幀　石川直美（カメガイ　デザイン　オフィス）
イラスト　工藤ケン
本文デザイン　高橋デザイン事務所（高橋秀哉）
編集協力　（株）元気工房
ヴュー企画（小野川由基知　蒲生真穂）
今田壮　大口直人
編集　福島広司　鈴木恵美（幻冬舎）

知識ゼロからの大江戸入門

2009年4月10日　第1刷発行

監　修　北嶋廣敏
発行者　見城　徹
発行所　株式会社 幻冬舎
〒151-0051　東京都渋谷区千駄ヶ谷4-9-7
電話　03-5411-6211（編集）　03-5411-6222（営業）
振替　00120-8-767643
印刷・製本所　株式会社 光邦

検印廃止

ISBN978-4-344-90150-6 C2095
Printed in Japan
幻冬舎ホームページアドレス　http://www.gentosha.co.jp/
この本に関するご意見・ご感想をメールでお寄せいただく場合は、comment@gentosha.co.jpまで。